KB269232

철학은
　엄마보다
힘이 쎄다

10대를 위한 철학 에세이

철학은 엄마보다 힘이 쎄다

[교실밖 교과서®] 시리즈 No.02 : 철학편1

지은이 | 박기복
발행인 | 김경아

2011년 8월 8일 1판 1쇄 발행 | 2012년 2월 12일 1판 2쇄 발행
2012년 8월 8일 1판 3쇄 발행 | 2013년 6월 6일 1판 4쇄 발행
2014년 8월 15일 1판 5쇄 발행 | 2017년 3월 16일 1판 6쇄 발행
2017년 12월 3일 1판 7쇄 발행 | 2019년 11월 13일 1판 8쇄 발행(총 20,000부 발행)

이 책을 만든 사람들

책임 기획 | 김경아
북 디자인 | 김효정
표지 일러스트 | 송진욱
내지 일러스트 | 정주원
교정 교열 | 안종군
경영 지원 | 홍종남

이 책을 함께 만든 사람들

종이 | 제이피씨 정동수 · 정충엽
제작 및 인쇄 | 천일문화사 유재상

펴낸곳 | 행복한나무
출판등록 | 2007년 3월 7일. 제 2007-5호
주소 | 경기도 남양주시 도농로 34, 부영e그린타운 301동 301호(도농동)
전화 | 02-322-3856   팩스 | 02-322-3857
홈페이지 | www.ihappytree.com
문의(출판사 e-mail) | book@ihappytree.com
문의(지은이 e-mail) | yesreading@gmail.com
※ 이 책을 읽다가 궁금한 점이 있을 때는 지은이 e-mail을 이용해 주세요.

ⓒ 박기복, 2011
ISBN 978-89-93460-18-6
"행복한나무" 도서번호 033

행복한
나무

철학은
엄마보다
힘이 쎄다

글 박기복

엄마, 스마트폰, 그리고 철학

"학원 가기 싫어?"

"네."

"그렇게 싫으면 엄마한테 말하지."

"당연히 했죠."

"안 된다고 하셨구나."

"뻔하죠. 힘들어도 해야 한대요."

"엄마야 원래 그렇게 말할 수밖에 없지. 설득해 봤니?"

"했죠. 하지만 엄마를 어떻게 이겨요."

"속담에 자식 이기는 부모 없다고 했어."

"그 속담 바꿔야겠네요. 부모 이기는 자식은 없다."

"푸훗!"

"나폴레옹이 그랬죠. 내 사전에 불가능은 없다고. 그런데 그 뒤에 생략된 말이 뭔지 아세요?"

"뭔데?"

"단, 엄마를 이기는 것만 빼고."

경수는 엄마에 대한 푸념을 계속 늘어놓았다. 경수는 원래 축구 선수가 꿈이었다. 유소년 클럽에서 제법 잘 나가는 선수로 활약하기도 했다. 그러나 지금은 완전히 꿈을 접었다. 이유를 물었더니 경수는 쓴 웃음을 지었다.

"아시잖아요. 어른들은 무조건 공부라는 거. 도저히 엄마를 설득할 수 없었어요."

경수는 엄마를 설득하는 데 실패했다. 아니 엄마의 강요와 선택을 이겨내지 못했다. 결국 자신이 가장 하고 싶었던 축구를 완전히 그만두었다. 지금도 경수는 축구 생각만 하면 가슴이 답답하다. 공부는 의무감으로 할 뿐 재미가 전혀 없다. 제법 공부를 잘하기는 하지만 공부를 통해 즐거움을 느끼지는 못한다.

"어른들이 시키는 대로 하면 우린 행복해질 수 있을까요?"

학생들은 가끔 어른들에게 이렇듯 도발적인 질문을 던진다. 이는 거의 모든 청소년들이 마음으로 묻는 질문이기도 하다. 그 질문에 대한 필자의 답변은 분명하다.

"시키는 대로 해서 행복할지 안 할지는 불분명하다. 그러나 시키는 대로만 하면 절대 행복할 수 없다.”

　행복은 ‘자기 선택’이 전제되어야만 한다. 아무리 좋은 것도 그냥 주어지면 행복하지 않다. 아무 생각 없이 누군가 시키는 대로 사는 사람은 설사 목표를 이루었다고 하더라도 결코 행복하지 못하다. 하지만 어른들의 말이 일방적이라고 해도 무조건 나쁜 것은 아니다. 인생의 경험을 통해 나온 어른들의 의견은 귀담아 들을 필요가 있다. 그러나 들은 대로 무조건 따라하는 것은 그 말이 설령 옳다고 해도 행복의 길은 아니다. 따라서 무조건 복종할 것이 아니라 자기 생각을 거친 후에 받아들이는 자세가 필요하다. 그래야만 ‘어린이’가 아니라 ‘청소년’이며, 그래야 ‘불행한 삶’이 아니라 ‘행복한 삶’을 살 수 있다.

　‘어린이’에서 ‘청소년’으로 자라나기 위해서는 ‘철학’이 있어야 한다. 여기서 말하는 철학이란 소크라테스, 칸트, 사르트르와 같은 사람들이 주장한 딱딱한 이론을 의미하는 것이 아니다. 철학은 생각하는 힘이요, 생각의 중심이며, 선택의 기준이다. 철학은 내 삶의 앞길을 밝혀 주는 등대다. 따라서 철학은 세상에서 가장 쓸모 있는 학문이다.

　“스마트폰을 사고 싶은데 어떻게 하면 엄마를 설득할 수 있을까?”, “가기 싫은 학원을 안 가려면 어떻게 해야 할까?”, “엄마가 하는 잔소리에서 벗어날 방법은 없을까?” 이런 질문에 답하는 것이 철학이다. 철학을 통해 이런 질문에 대한 답을 알아낸다면 여러분은 나폴레옹도 못했던 일을 할 수 있다. 크게는 자기 꿈을 향해 끝까지 나아갈 힘을 얻을 것이요, 작게는 원하는 물건을 손에 넣는 방법을 알게 될 것이다.

이 책은 크게 두 부분으로 나뉜다. 앞부분은 청소년들과 필자가 위와 같은 주제로 나눈 대화다. 필자가 청소년들을 만나면서 나눈 대화를 생생하게 담았다. 참고로 대화에 등장하는 청소년의 이름은 모두 가명이며, 대화를 나눈 청소년의 프라이버시를 보호하고 읽는 이의 편의를 위해 일부분 각색했음을 밝힌다.

뒷부분은 청소년의 고민에 대한 철학자들의 생각이다. 지금 청소년의 고민은 대부분 이미 앞선 세대가 했던 것들이다. 같은 문제를 두고 앞선 세대가 어떤 생각을 했는지 알면 현재 우리가 안고 있는 고민을 풀어 가는 데 많은 도움이 된다. 앞선 시대에 인간과 세상의 문제를 붙들고 고민했던 사람들을 우리는 '철학자'라고 하고, 그들의 생각을 '철학'이라고 한다.

이 책을 통해 청소년들이 철학을 어렵고 외워야 하는 학문이 아니라 삶에 도움이 되는 친근한 '생각'으로 받아들이는 계기가 되기를 바란다. 무엇보다도 책을 읽으며 청소년들이 자신의 삶을 조금이나마 더 행복하고, 자기 주도적으로 살 수 있는 힘을 얻기를 바란다.

철학은 인생의 벗이다. 철학과 함께 하는 청소년들의 앞날이 외롭지 않도록 청소년 생활 철학 시리즈를 앞으로도 계속 출간할 예정이다. 많은 청소년들이 생활 철학 시리즈를 통해 힘과 용기를 얻기를 기원한다.

메마른 대지를 적시는 단비와 같은 삶을 꿈꾸며

時雨 박기복

Contents

둘째마당　미래 |74

정직

: 어쩔 수 없이 엄마를 속여야 할 경우 어떻게 할 것인가?

: 자신이 손해를 볼 수밖에 없는 상황에서도 정직할 수 있는가?

: 스마트폰과 PMP 구입을 반대하는 부모님을 어떻게 하면 설득할 수 있을까?

: 거짓말이 나쁘다고 하는데 진짜 나쁜 거짓말이란 무엇일까?

엄마를 속일 것인가? 말 것인가?

"우리 집은 성적에 따라 대우가 달라져요. 전 거의 쓰레기 취급을 받죠."

준열이는 초등학교 때까지 촉망받는 아이였다. 성적이 최고 수준이었기 때문에 부모님의 기대도 컸다. 그러나 중학생이 되면서 노는 것이 좋아져서 더 이상 공부를 하려고 하지 않았다.

"초등학교 6년 동안 공부에 너무 시달리다보니 더 이상 공부하기가 싫었어요. 더욱이 친구들과 놀다 보니 빠져나오기 힘들었죠."

준열이는 공부는 하지 않고 책만 읽었다. 보통의 중학생들은 상상도

철학은 엄마보다 힘이 쎄다

할 수 없을 만큼 방대한 양의 독서를 했다. 인터넷에서 다운받은 소설도 준열이를 매혹시켰다. 책과 인터넷 소설에 빠져 사는 준열이를 어머니는 탐탁지 않게 여겼고, 잔소리를 늘어놓았다. 처음에는 잔소리의 강도가 약했지만, 준열이가 말을 듣지 않자 강도가 점점 높아졌고, 급기야 입에 담기 힘든 욕설까지 들어야 했다. 이것이 준열이가 자신이 쓰레기 취급을 받는다고 말하는 이유다.

하지만 필자가 볼 때 준열이가 정말 쓰레기 취급을 받는 것 같지는 않다. 열심히 공부하라고 책을 사 주시고, 이것저것 맛있는 것도 사 주시는 것을 보면 말이다. 정말 쓰레기 취급받는 청소년이 준열이 말을 들으면 화를 낼 것이다. 어찌 되었든 준열이는 자신을 심하게 야단치는 엄마를 별로 좋아하지 않는다.

엄마에게 거짓말을 하기로 결심하다

『데미안』(헤르만헤세)을 읽은 후, 자신의 어두운 면과 밝은 면을 주제로 발표를 하였다. 준열이는 밝은 면은 말하지 않고 어두운 면만 말했다.

"제 전자 사전에는 제가 정말 아끼는 인터넷 소설이 엄청나게 많이 들어 있어요. 엄마는 그것을 삭제하라고 요구했어요. 그런데 저는 지금 그것을 친구 컴퓨터에 옮겨 놓고 다 지웠다고 엄마를 속일 거예요.

그것이 저의 어두운 면이에요."

"그 소설이 자신에게 무엇이기에 그만큼 가치 있다고 여기는지 궁금한 걸."

내가 물었다.

"지금 저에게는 인터넷 소설을 읽는 것이 유일한 기쁨이에요. 그 즐거움을 빼앗기는 것은 정말 생각하기도 싫어요. 그런데 엄마는 이것을 무조건 지우라고 해요. 제가 도저히 받아들일 수 없는 요구죠."

준열이는 여러 번, 다양한 표현을 사용하여 인터넷 소설이 자신에게 얼마나 소중하고 귀중한지를 강조했다.

"그렇게 소중한 것을 지키기 위한 행동인데 왜 망설이지? 더욱이 엄마를 별로 좋아하지도 않으면서……."

"부모님을 속이는 것은 나쁜 행동이잖아요."

준열이는 당연한 것을 물어보느냐는 듯 말했다.

"아! 그렇구나. 나쁘니까 안 해야겠다고 생각하는구나. 그럼 안 하면 되지, 왜 고민해?"

"속이는 것은 나쁘지만 전 이 소중한 것을 지켜야 한다고요. 절대 지울 수 없어요."

준열이는 입술을 깨물었다.

"나쁜 줄 알면서도 소중한 것을 지키기 위해서는 나쁜 행동을 하겠다는 거네? 참 이율배반이다.”

“맞아요. 이율배반이기는 하지요. 하지만 어쩔 수 없어요. 엄마를 속이는 것이기는 하지만, 제게 더 소중한 것을 지켜야 하니까요.”

준열이는 자신을 정당화시켰다. 더 높은 가치, 더 중요한 가치를 지키기 위해서는 작은 가치는 버려야 한다고 했다. 거짓말을 하면 안 되지만 사람을 해치려는 이에게는 거짓말을 해도 되는 것과 같은 이치다. 생명을 구하는 가치가 정직하라는 가치보다 중요하므로 당연히 생명을 구하기 위해 하는 거짓말은 용납된다면서, 유명한 철학 이론까지 거론하며 인터넷 소설을 지키기 위해 엄마를 속이는 행위를 정당화시켰다.

많은 아이들이 부모를 속인다. 자기 자신이 소중하다고 여기는 것을 부모가 못하게 할 때면 안 하는 척 하면서 자기 마음대로 행동한다. 부모가 볼 때는 하지 않다가도 부모의 눈이 미치지 못하는 때나 부모

가 없는 장소에서는 제멋대로 행동한다. 부모의 말을 어기고 싶은 욕
망은 청소년들의 마음 깊은 곳에서 늘 꿈틀거리는 욕망으로 똬리를 틀
고 있다.

"엄마가 왜 너에게 인터넷 소설을 못 보게 하는지 생각해 봤니?"

"제가 중3인데 이제 정신 차리고 공부하라는 뜻이겠죠."

"아무튼 엄마를 속이는 것이 나쁜 행동인데도 굳이 하겠다는 거지?"

"어쩔 수 없잖아요. 저는 인터넷 소설이 있어야 해요. 어떻게 모은
것인데……."

엄마를 속이는 것이 왜 나빠?

"네가 지키려는 인터넷 소설이, 어머니에 대한 죄책감을 느끼면서
까지 지켜야 할 정도로 가치가 있는 것일까? 우리가 세상을 살아가면
서 도저히 버리지 못할 가치라는 것이 과연 있기나 한 것일까?"

"글쎄요. 그것이 저도 고민스럽기는 해요."

이렇게 한쪽으로만 질문을 하고 내버려 두면 준열이는 인터넷 소설
이 소중하기는 하지만 엄마를 속이지는 않겠다는 결심을 할 것이다.
그러나 그것은 필자가 원하는 바가 아니다.

"엄마 말을 잘 듣지 않는 것이 과연 나쁜 것일까? 엄마 말 안 들을 수

도 있잖아? 엄마가 부당한 요구를 하는 것이면, 거부해도 되지. 현실적으로 엄마보다 네가 힘이 약하니까 속이는 방법으로 저항한다고 생각하면 안 될까?"

"엄마를 속이면 안 되죠."

"어차피 너는 엄마를 좋아하지도 않잖아. 엄마가 너한테 심한 소리도 많이 하시고. 그런 엄마를 속이는 것이 뭐가 나빠?"

"그래도 엄마잖아요."

"독재자를 속이는 것은 죄가 아니야."

"그럼, 선생님은 엄마가 독재자와 같다는 것인가요?"

"난 그런 이야기는 안 했어. 거짓말을 한다고 해서 꼭 죄책감을 느낄 필요는 없다는 거지."

준열이는 필자의 말을 듣고 인상을 찌푸렸다.

"도대체 그럼 뭐예요? 인터넷 소설이 엄마를 속여야 할 만큼 소중하지도 않고, 엄마를 속이는 것이 나쁘지도 않다면 저보고 어쩌라는 거예요?"

준열이는 조금 화가 난 듯했다.

"그것을 왜 나에게 묻니? 너 스스로 결정해야지."

준열이는 길게 한숨을 쉬었다. 도대체 어떻게 해야 하는지 갈피를 잡지 못하는 듯했다.

절대적인 것은 없다

데미안은 말한다. 세상에 절대적인 것은 없다. 선과 악은 그저 상대적인 개념일 뿐이다. 중요한 것은 통합하는 것이다. 내가 분열되면 안 된다. 그렇다고 양심을 저버리고 나쁜 짓을 하라는 말은 아니다.

"어린 시절 우리는 금지된 것을 몰래 하면서 쾌감을 느끼지. 솔직히 어른들도 마찬가지라고 봐. 분명히 나쁜 것이라는 걸 알면서도 나쁜 행동을 해. 그리고 합리화시키지. 핑계를 만들어 내는 거야. 그런데 이 핑계를 진심으로 자기 마음으로 받아들이면 상관없는데, 마음속에는 은연중에 자신이 잘못했다는 마음이 똬리를 틀고 있지. 일종의 죄책감이야. 그리고 이 죄책감은 마음속에 진짜 어둠을 만들어. 네가 엄마를 속이는 것이 네 마음에 어둠을 만드는 것이 아니라 너의 죄책감이 네 마음에 어둠을 만드는 것이란다."

"그럼 어떻게 해야 하죠?"

"절대적이라는 생각부터 버려."

"맞아요. 엄마를 속이는 것이 나쁘다는 것은 절대적인 진리가 아니고, 인터넷 소설도 제게 절대적인 가치가 있는 것은 아니에요. 선생님 말씀처럼 세상에서 절대적인 진리를 찾기란 매우 어렵죠. 심지어 생명이 무조건 귀하다는 가치도 절대적이지 않아요."

“그래 잘 아네. 역시 책 많이 읽은 티가 난다.”

“문제는 그럼 내가 어떤 선택을 하느냐죠.”

“물론 너의 선택이야. 그러나 선생님이 말하는 것은 네 선택이 아니
라 선택하는 너의 마음이 네 자신을 속이거나, 네 자신이 중요하게 여
기는 가치를 버리는 것은 안 된다는 거야. 속이는 것이 나쁘다고 생각
하면서 속이면 안 돼. 네가 정말 소중하게 여기면서 소중한 것을 포기
해도 안 돼. 속이는 것에 죄책감이 있으면서 아닌 척하는 것은 더더욱
안 돼. 물론 속으로 정말 소중한데도 아닌 척하고 지워 버리는 것도 안
돼.”

“알아요. 참 어렵네요.”

“그래, 어려워. 너 자신에게 진실로 정직해야 해. 진실로 정당해야
해. 어쩔 수 없이 하는 것을 선택하지는 마. 그것은 분열이야. 너를 분
열시키면 너의 내면에 죄책감이 생기고, 핑계거리로 둘러싸인 자신이
만들어져. 그것은 널 불행하게 하는 일이야.”

“죄책감 없이 속일 수 있을까요?”

“독립운동가들은 일제 고등 형사를 죄책감 전혀 없이 속였어. 오히
려 그것을 자랑스러워했지.”

“엄마를 속이는 것을 독립운동가가 일제 고등계 형사를 속이는 정
도로 여기면 참 편하겠죠. 그런데 제가 엄마를 별로 안 좋아하기는 해

도 엄마가 일제 고등 형사만큼은 아니에요."

준열이는 또다시 깊은 한숨을 내쉬웠다.

"지우면 참 좋겠지만, 인터넷 소설은 제게 인생의 활력소 같은 거예요. 힘겨운 저를 지탱해 주는 기둥과 같죠."

"인정해. 그런 것을 버리기는 어렵지."

"딜레마네요."

"인생이 원래 딜레마야."

"선생님은 불가능한 것을 요구하시네요."

"어렵기는 해. 그러나 불가능한 것은 아니야."

"……."

준열이는 수백 편의 소설이 들어 있는 전자사전을 뚫어져라 쳐다봤다. 그리고 고민했다. 무엇이 자신에게 정말 가치 있는 일인지, 자기 분열, 그러니까 자기를 둘로 쪼개지 않기 위해서는 어떻게 해야 하는지에 대해 고민했다. 자기모순에 자기를 내던지지 않는 방법을 찾으려고 했다.

나를 속이는 거짓말이 훨씬 나쁘다

싱클레어는 어둠과 빛을 통합하기 위해 치열하게 갈등하고 고민한

 철학은 엄마보다 힘이 쎄다

다. 그리고 마침내 자기 자신을 완전한 하나의 존재로 받아들인다. 싱 클레어의 자아는 분열되지 않는다. 어둠과 빛, 선과 악이 모두 하나의 자기 안에서 융합된다.

일주일 뒤 준열이에게 물었다.

"어떻게 했어?"

"어떻게 했을 것 같아요?"

"지웠겠지."

준열이는 웃었다.

"맞아요."

준열이는 전자사전에 있던 인터넷 소설들을 모두 깨끗하게 지웠다. 그것이 자기 양심에 비추어 정직한 선택이라고 믿었기 때문이다. 엄마 를 속이려면 충분히 속일 수 있었지만 그렇게 하지 않았다.

"사라진 인터넷 소설이 아깝지 않아? 네 삶의 에너지요, 기둥이었는 데……."

준열이는 고개를 저었다.

"인터넷 소설 읽기는 그냥 제 습관의 하나였을 뿐이에요. 말하자면 현실의 힘겨움에서 도망치기 위한 습관이었죠."

"나도 알고 있었어."

"알면서도 지난주에 제가 고민할 때는 말씀해 주지 않으셨군요."

"네 스스로 생각하는 것이 중요하니까. 자신에게 무엇이 귀하고 소중한지를 결정하는 것은 순전히 자기 몫이야. 선생님은 그 어느 누구도 그것을 간섭하면 안 된다고 생각해."

준열이는 환하게 웃었다.

"제게는 에너지를 받을 만한 뭔가가 필요해요."

"사람은 다 그래. 에너지를 보충하지 못하면 기름이 떨어진 자동차처럼 멈추지."

"어디에서 에너지를 충전해야 할 것인지 찾아봐야겠어요."

준열이는 자기 존재를 분열시키지 않았다. 하나의 자신으로 살고자 선택했다. 자기를 이중적인 인간으로 만들지 않았다. 이중적인 삶이 주는 불행을 거부했다.

"너, 참 대단하다."

난 엄지손가락을 치켜세웠다. 나는 준열이가 엄마를 속일 수 있었음에도 엄마에게 정직하게 행동했기에 대단하다고 한 것이 아니다. 준열이가 자기 자신에게 거짓말을 하지 않아서 대단하다고 한 것이다. 남을 속이는 거짓말보다 자기를 속이는 거짓말이 훨씬 나쁘다. 물론 자신에게 정직하기가 남에게 정직하기보다 훨씬 어렵다.

데미안, 어둠과 밝음의 통합

『데미안』에서 주인공 싱클레어는 어릴 때 거짓말을 한 번 잘못했다가 어둠의 나락으로 떨어진다. 도저히 벗어날 수 없을 것 같은 어둠의 나락에서 싱클레어를 구원해 준 것은 데미안이었다. 다시 빛의 세계로 온 싱클레어는 안도한다. 부모의 품에서 행복을 누리는 것에 감사한다. 그러나 이미 그때의 싱클레어는 예전의 싱클레어가 아니다. 부모의 품에서 절대적으로 편안함을 느끼는 아이가 아니었던 것이다. 그는 이미 도끼자국—마음의 상처, 순수함을 잃어버린 소년—이 깊이 나 있는 상태였다. 마음에 검은 그림자가 똬리를 튼 것이다. 싱클레어는 부모를 속였다는 짜릿함에 묘한 쾌감을 느낀다.

부모를 속인 싱클레어는 상급 학교에 진학하자 본격적으로 어둠의 세계로 빠져든다. 타락한다. 자기 멋대로 생활하면서 나쁜 생활에 푹 젖어든다. 그러다 아름다운 여인 베아트리체를 통해 다시 밝음의 세계로 옮겨간다. 스스로의 힘으로 밝음을 찾는다. 그때 멀리 떨어져 있던 데미안이 다시 찾아온다. 데미안은 싱클레어에게 '아프락사스'를 말한다. 아프락사스는 빛과 어둠의 통합, 선과 악의 통합이다. 거짓과 진실을 하나로 합친 절대적 존재가 아프락사스다.

데미안은 아프락사스를 말하지만 사람이 아프락사스로 사는 것은 정말 어렵다. 어떻게 진실과 거짓을 하나로 통합해서 마음에 담고 살겠는가? 평범한 사람은 불가능하다. 싱클레어는 어둠에 있을 때는 그 힘겨움에 괴로워한다. 빛의 세계에서는 어둠을 싫어하면서도 어둠이 주는 묘한 매력을 버리지 못한다. 싱클레어는 갈등한다. 빛으로 살아야 하지만, 어둠의 세계가 주는 매력을 저버리지 못하기 때문이다.

싱클레어는 쾌락에 빠져 살면서도 이것이 잘사는 것이라는 마음이 없다. 빛의 세계에서도 마찬가지다. 단지 착하게 행동할 뿐 진정 빛의 세계에 머물지도 못한다. 데미안은 "인간은 선과 악의 통합이며, 신은 빛과 어둠을 통합한 존재여야 한다."라고 말한다. 싱클레어에게 그것은 이룰 수 없는 몽상일 뿐이었다.

자기 분열은 불행을 부른다

나쁜 줄 알면서 하는 분열적인 행동은 사람을 겉과 속이 다른 인간으로 만든다. 이를 흔히 '이중적 인간'이라고 한다. 심하게 말하면 이중 인격자다. 삶이 둘로 쪼개진 인간이 정신적으로 건강한 삶을 살지 못하는 것은 당연하다. 끊임없이 거짓을 본성으로 안고 살아가게 된다. 죄책감을 안고 살 수밖에 없다.

자기를 모순에 빠뜨리지 말아야 한다. 인간은 원래 자기모순에 빠지기 쉬운 존재다. 그래서 인간이다. 반면에 자기모순은 인간을 끊임없이 갈등하게 만든다. 어둠과 빛이 통합된 존재가 아니라, 빛에 머물면서 어둠의 그림자에 괴로워하는 존재로 만든다. 반대로 어둠에 머물면서 빛을 끊임없이 그리워하는 존재가 된다.

이중적 존재, 이중적인 삶은 스스로를 불행하게 한다. 자기 내면이 분열되어 있으므로 끊임없이 죄책감이 들고, 남에게 자신을 적당하게 포장하기 위해 거짓말을 한다. 이중적 존재는 타인도 불행하게 한다. 저 사람의 진심이 무엇일까를 끊임없이 고민하게 만든다. '도대체 저 말 뒤에 감춰진 진실은 무엇일까?' 하는 의심의 눈초리를 거두지 못한다. 진심이 없는 곳에 진짜 인간관계도 없다. 이중적인 삶이 불행한 인간관계의 근본 원인이다.

어른들은 청소년의 분열을 조장하면 안 된다. 동의되지 않는 일방적인 지시와 명령은 청소년의 정신을 분열시키는 경우가 많다. 사실 청소년들은 너무나 많은 자기 분열을 겪는다. 받아들일 수 없는 일방주의 속에서 청소년은 이율배반적인 자신을 경험한다. 이율배반이 반복되면서 자신을 적당히 거짓으로 포장하는 합리화도 늘어난다. 자아는 거짓으로 둘러싸인다. 거짓된 인간, 자기를 잃어버린 청소년은 이렇게 탄생한다.

많은 어른들이 청소년을 거짓말쟁이로 만든다. 거짓 포장에 능숙한 인간으로 만든다. 이는 청소년에게 저지르는 어른들의 가장 큰 잘못이다. 자신보다 힘없는 사람의 자아를 분열시키는 행위는 엄연한 인권 침해다. 아니 인권 침해라기보다는 범죄 행위에 가깝다.

큰 손해를 본다고 해도
정직을 선택하겠는가?

『동의보감』(이은성)을 읽다 보면 허준의 정직함과 꿋꿋함에 기가 질린다. 도저히 흉내 내지 못할 사람이라는 생각이 든다. 영진이는 한의사가 꿈이다. 그래서 동의보감을 열심히 읽었다. 다 읽고 난 후에는 "이 책은 정말 감동적이었어."라고 말했다. 각 인물들의 성격과 특징까지 조목조목 분석하면서 자기 나름대로 파악한 내용을 정리했다. 정말 제대로 책을 읽은 것처럼 보였다.

허준이 불치병에 걸린 노부인을 고치고 성 대감에게 추천서를 받아 온 대목을 소재로 하여 토론을 벌였다. 천한 신분에서 벗어나고 싶은 허준은 성 대감이 써 준 추천서를 하늘에서 내려 준 선물로 여긴다. 반면에 스승인 유의태와 아내, 그리고 어머니는 그것을 포기하라고 한다. 조선시대에 천한 신분으로 사는 것은 정말 끔찍한 일이다. 허준은 그 끔찍함을 절절히 경험했기 때문에 결코 포기하지 않으려고 한다. 그러나 스승은 무자비하게 추천서를 태워 버리고 허준을 내쫓는다.

"유의태도 대단하지만 정말 대단한 사람은 허준의 아내와 어머니에요. 어떻게 신분 상승을 할 수 있는 추천서를 포기하라고 설득할 수 있을까요? 정말 대단해요."

나도 동의했다.

"맞아. 그러기는 정말 어렵지. 넌 어때? 손해를 보는 것이 확실한데도 정직을 선택할 수 있어?"

영진이는 조금 고민하더니 옛날 경험을 들려 주었다.

"초등학교 때 모형비행기 만들기 대회가 있었거든요. 집에서 비행기를 만든 후 대회장에 나가서 날리는 거였어요. 아빠가 정말 멋지게 만들어 주셨는데 전 그러면 안 될 것 같더라고요."

"와, 누가 보지도 않는데 정직하겠다는 마음 때문에 스스로 만들었단 말이야?"

"네. 아빠가 만들어 주신 멋진 모형비행기는 그대로 두고 제가 직접 만든 것을 가지고 나갔죠."

"결과는?"

"꽝이었어요."

"후회하는 마음은 안 들었니?"

"아니요. 지금 생각해도 그때 참 잘한 것 같아요. 나중에 중학교 때도 비슷한 대회가 열렸는데, 그때도 제가 직접 만들어 참여했어요. 물론 상은 못 받았죠."

난 묵묵히 고개를 끄덕였다.

"정직은 중요해요. 허준도 추천서에 의존하지 않고 자기 힘으로 합격하기 위해 노력했잖아요. 제 경험을 떠올려 보니까 허준의 아내와 어머니, 스승인 유의태가 한 말이 전적으로 맞는 것 같아요."

인생이 걸려 있다면

필자는 다시 조심스럽게 물었다.

"만약, 네가 가려는 한의대에 입학하는 데 유리한 추천서를 누군가가 써 주려고 해. 그 사람은 대학교에 큰 영향력을 끼치는 사람으로, 네가 한의사에 얼마나 적합한 품성이 있는지를 증명하는 글을 써 줬어. 입학사정관제로 대학에 가기에 많은 도움이 되는 추천서야. 경쟁률은 100대 1이야. 어떻게 할래? 넌 추천서를 사용할 거니? 아니면 너의 힘으로 응시할 거니?"

얼굴을 찡그리며 고민하던 영진이가 말했다.

"솔직히 고민스럽네요. 쉽게 결정을 내리기 힘들어요. 음, 아무래도 포기하기 힘들겠죠."

"왜?"

"인생이 걸려 있으니까요."

"허준도 인생이 걸려 있었어. 너보다 훨씬 더 심각한 인생이. 그런데 넌 조금 전에 허준의 어머니와 아내, 유의태의 의견이 타당하다고 했어."

"흠, 쉽게 말할 수 있는 것은 아니네요."

"맞아. 쉽지 않은 일이지."

영진이는 갑자기 무언가 생각이 난 듯 목소리가 올라갔다.

"에이, 그런데 추천서는 허준 때는 의미가 있을지 몰라도 지금은 비현실적이에요. 그렇게 설정한다는 것 자체가 말이 안돼요."

"비현실적? 그럴까? 대학 입학을 위한 자기 소개서를 쓸 때 대다수 학생이 주위의 도움을 받아. 네가 모형비행기를 스스로 만든 것처럼, 자기 소개서도 남의 도움을 전혀 받지 않고 불이익을 감수하면서까지 오직 네 힘으로만 쓸래? 아니면 도움을 받을래?"

"물론 도움을 받겠죠."

“왜 모형비행기처럼 못해?”

“모형비행기는 밑져야 본전이지만, 이것은 인생이 걸려 있으니까요.”

“맞아. 인생이 걸린 일에서 정직을 선택하기란 정말 어려운 일이지. 그리고 우리가 위대하다고 여기는 사람은 바로 손해를 감수하면서 ‘정직’을 선택한 사람이야. 우리는 거짓이 나쁘다고 아주 쉽게 말하지만, ‘정직’하기처럼 어려운 것은 없어. 거짓말을 하지 않고 사는 것은 정말 어렵지.”

거짓말은 이익을, 정직은 손해를

일주일 뒤, 영진이가 다시 전 시간에 했던 이야기를 이어갔다.

“제가 생각해 봤는데요, 저한테 정직과 관련해서 조금 아픈 경험이 있어요. 중학교에 들어간 지 얼마 안 되었는데 선생님께서 수업 시간에 책을 가져오지 않았더라도 다른 반에서 빌려 오지 말라고 하셨어요. 어느 날 제가 책을 안 가져 왔는데 수업이 걱정이 되어서 책을 빌려 왔죠. 몇몇 아이들도 저와 같았어요. 그런데 평소에 그냥 넘어가던 선생님이 그날따라 책을 빌려온 사람은 앞으로 나오라고 하셨어요. 저는 제가 빌려온 책을 살폈죠. 어딜 봐도 이름이 없어서 빌려왔는지 안 왔는지 알 수가 없었죠. 그래서 그냥 있으려고 하는데 양심에 찔렸어요.

다른 친구들은 한 명도 안 나갔는데 전 나갔어요. 물론 실컷 야단을 맞았죠."

"정직하게 행동했는데 야단맞았으니 기분 나빴겠네."

"물론 기분이 나쁘기는 했지만, 그래도 왠지 뿌듯했어요."

"오호, 그래?"

"그런데 얼마 지난 뒤에 학교에서 친구들과 몰래 학교 밖으로 나갔다 왔어요. 선생님이 어떻게 아셨는지 무단으로 밖에 나갔다 온 학생들은 자수하라고 하셨죠. 전 정직하자는 생각으로 나갔어요. 그런데 선생님은 의외라는 듯 절 보셨어요. 제가 나간 것을 모르고 계셨던 거죠. 아마 다른 학생이 나간 것으로 알고 계셨나 봐요. 저는 정직하게 나간 죄로 실컷 야단을 맞았죠. 반면에 함께 나갔던 친구들은 자수하지 않았어요. 그 친구들이 "넌 왜 바보같이 나가서 손해 보냐."라고 말하더라고요. 솔직히 그때는 정직하게 선생님께 말한 것이 후회되었어요. 그 뒤 비슷한 일이 두세 번 정도 반복되었어요. 그때 저는 '학교에서 정직한 것은 손해구나. 누구도 알아주지 않는구나'라는 생각을 했어요."

"가슴 아프군."

"어쩔 수 없었어요. 남들이 알아주지도 않고, 선생님은 문제아처럼 취급하고, 친구들은 이상한 놈이라고 그러고. 그런 상황에서 제가 왜 정직을 선택하겠어요."

“맞는 말이야.”

네가 중요해? 선생님이 중요해?

“모형비행기 만들기 대회 때는 정직해서 뿌듯했지?”

“맞아요.”

“교과서를 빌려 온 일로 비록 야단은 맞았지만 뿌듯했고.”

“그랬죠.”

“그런데 그 뒤에는 왜 뿌듯하지 않았을까?”

“손해를 보았으니까요.”

“무슨 손해?”

“조금 전에 말씀드렸잖아요.”

“그것이 손해일까?”

“손해죠. 학교 생활하는 데 있어서 정직하면 이런저런 손해가 많아요. 적당히 숨기고, 적당히 자신을 포장해야 이익이죠.”

“정직함 뒤에 느꼈던 그 뿌듯함은 다 어디로 갔을까?”

“물론 그 뿌듯함이 얼마나 좋은지 알아요. 하지만 현실은 만만치 않아요.”

“선생님도 현실이 만만치 않다는 것은 알아. 그런데 문제는 ‘왜 차이가 나는 것일까? 하는 거야. 뿌듯함과 손해의 차이."

"선생님 때문이죠."

"선생님?"

"네, 선생님에게 야단을 맞아서 문제아로 찍히느냐, 아니냐의 차이."

"그래. 그것은 그렇다. 선생님께 잘 보이는 것은 중요하지. 그런데 정말 중요한 것은 너에 대한 선생님의 평가니? 너 자신에 대한 평가니?"

영진이는 고민에 빠졌다. 한참 동안 생각한 뒤에야 간신히 말했다.

"자신의 평가요. 그렇지만 선생님의 평가도 무시할 수 없어요. 적어도 저한테는 커요."

"그렇기는 해. 솔직히 정직을 제대로 평가해 주지 못하는 선생님들이 참 아쉬워."

무엇이 진짜 손해일까?

"선생님은 손해를 보더라도 정직을 택하실 수 있어요?"

영진이는 도발적으로 나에게 물었다. 난 망설이지 않고 바로 대답했다.

"그럼. 당연하지. 나에게는 정직이 훨씬 중요해."

“에이, 말만.”

“말만 그럴지도 모르지. 하지만 난 정직을 선택해야 한다는 신념을 자꾸 되새겨. 닥치지 않았는데도 망설이면 진짜 상황에서는 정직을 선택하기가 불가능하다고 생각하기 때문이야. 나에게 중요한 것이 무엇인지 자꾸 되새기다 보면 실제 상황에 닥쳤을 때도 정직을 선택할 수 있으리라고 난 믿거든.”

“그것은 그래요. 그렇지만 선생님은 학생이 아니잖아요.”

“난 학생이 아니지만 선생님의 평가나 처벌 따위는 별로 중요하지 않다고 생각해.”

“그럼 뭐가 중요한데요?”

“네 자신.”

영진이는 손가락으로 자기를 가리켰다.

“그래 너. 난 남의 평가보다 내가 나에게 내리는 평가가 훨씬 중요해. 선생님이 야단치고, 문제아라고 낙인찍으면 겉으로는 손해야. 그러나 내면의 나는 행복할 거야. 비겁하지 않고 정직했으니까. 반면에 손해를 보지 않기 위해 거짓을 택했다면 겉으로는 이익이지만, 내 양심은 완전히 큰 손해를 본 거야. 난 내 스스로를 부정직한 인간으로 만들어 버린 거니까."

영진이는 한숨을 길게 쉬더니 고개를 끄덕였다.

"저도 저 자신이 저를 평가한 것을 더 중요하게 여기고 싶어요. 그런데 쉽지 않아요."

"맞아, 쉽지 않지. 정직은 쉬운 길이 아니야. 그래서 가야 하는 거야. 쉽기 때문에 가는 것이 아니라, 어렵기 때문에 가야 하는 거야."

피노키오의 거짓말

『피노키오』(콜로디)에서 요정은 피노키오의 코가 길어지는 이유가 거짓말 때문이라고 하면서, 세상에는 코가 길어지는 거짓말과 다리가 짧아지는 거짓말이 있다고 말한다. 그러고는 두 개의 거짓말이 어떻게 다른지 말해 주지 않고 가 버린다. 두 개의 거짓말은 어떻게 다를까? 이 질문에 초등학교 4학년인 어떤 학생이 대답했다.

"코가 길어지는 거짓말은 남에게 하는 거짓말이고, 다리가 짧아지는 거짓말은 나를 속이는 거짓말입니다. 나를 속이는 거짓말은 한없이 나를 작아지게 하기 때문에 다리가 짧아집니다."

철학은 엄마보다 힘이 쎄다

관중과 칸트, 정직이 최선이다

1064년 잉글랜드 왕위 계승자였던 헤럴드는 운이 나쁘게도 배를 타고 가다 난파가 되어 노르망디의 공작 윌리엄에게 붙잡힌다. 이때 윌리엄은 헤럴드를 신전에 끌고 가서 자신이 잉글랜드 왕위 계승자라는 사실을 맹세하게 한다. 헤럴드가 붙잡힌 신세에서 어쩔 수 없이 맹세하게 만든 것이다. 나중에 잉글랜드로 돌아온 헤럴드는 윌리엄의 협박 때문에 어쩔 수 없이 맹세했다고 밝히고는 약속을 파기해 버린다. 이에 분노한 윌리엄은 군대를 거느리고 잉글랜드를 침략한다. 헤럴드와 윌리엄의 전쟁은 윌리엄의 승리로 끝났고, 윌리엄은 자신이 원하던 대로 잉글랜드의 왕이 된다.

헤럴드가 강요에 의한 약속은 비록 신 앞에서 한 것일지라도 지키지 않아도 된다고 생각했다면, 비슷한 상황에서 중국의 환공은 전혀 다른 선택을 한다. 때는 중국의 춘추시대다. 주나라 중심의 질서가 깨지고 각 지역에 강력한 나라들이 등장하면서 중국은 혼란에 빠진다. 그때 제나라에 환공이라는 왕이 있었는데, 그가 가진 힘이 매우 강대하였다.

기원전 681년, 제나라와 노나라 사이에 전쟁이 벌어졌는데 노나라가 강대한 제나라를 상대하기에는 역부족이었다. 노나라는 패전이 계속되자 휴전의 대가로 노나라 땅의 일부를 제나라에 넘겨 주기로 약속한다. 제나라는 노나라의 제안을 받아들였고, 두 나라 왕이 참가하는 평화회담이 열렸다. 말이 평화회담이지 노나라가 제나라에 굴복하였음을 확인하는 자리였다. 단상 위에 두 나라 왕이 앉고, 신하들이 단상 아래에 앉으려고 할 때였다. 단상 아래에 있던 노나라 장군 한 명이 단상으로 올라왔다. 자기 나라 왕에게 무언가 귀띔하는 듯하더니 갑자기 방향을 돌려 제나라 왕인 환공에게 칼을 들이대었다.

"제나라는 강하고 노나라는 약한데, 강한 나라가 힘없는 나라의 영토를 무력으로 빼앗는 것은 부당하오. 우리에게 빼앗은 영토를 당장 반환하겠다고 약속하시오."

환공은 턱에 칼이 겨누어진 상황에서 어쩔 수 없이 그러겠다고 약속했다. 약속을 받은 노나라 장수는 칼을 버리고 자기 자리로 돌아갔다.

평화 회담이 끝난 뒤 환공은 화가 치밀었다. 환공은 자신을 협박한 노나라 장수를 죽이라고 요구할 생각이었다. 물론 협박을 받아 한 약속도 지킬 생각이 전혀 없었다. 잉글랜드의 헤럴드 왕과 같은 생각이었다. 이때 관포지교로 유명한 관중이 환공에게 충고했다.

"협박을 당하는 상황에서 한 약속이기는 하지만 약속은 약속입니다. 약속을 어기고 노나라 장군을 죽이면 한 순간의 분풀이는 될지언정 대신 신뢰를 잃게 됩니다. 신뢰를 잃는 것보다 더 큰 것은 없습니다."

환공은 화가 났지만 관중의 말을 받아들였다. 그래서 노나라에서 빼앗은 땅을 그대로 돌려 주었고, 자신을 협박한 노나라 장군에게도 아무런 보복을 하지 않았다. 이 소문이 전해지자 여러 나라 왕들은 모두 제나라 환공을 높이 평가했다. 신의를 지키는 큰 인물이라며 그를 우러러 보았다. 이 일로 환공은 많은 왕들의 신뢰를 한몸에 받았으며, 춘추시대 최초로 모든 나라를 대표하는 맹주가 되었다. 환공은 협박을 받고 한 약속도 지킬 정도로 신의를 중시했기에 천하를 얻은 것이다.

잉글랜드 왕 헤럴드는 협박을 받아 한 약속을 파기했지만 결국 전쟁에서 패해 나라를 잃었다. 반면에 제나라 왕 환공은 협박을 받아 한 약속이지만 지켰고, 결국 천하의 맹주가 되었다. 우리는 흔히 협박을 받아 한 약속은 지키지 않아도 된다고 생각한다. 그러나 세상 일이 꼭 그렇지만은 않은 모양이다. 여러분이라면 어떻게 할 생각인가? 헤럴드인가, 환공인가?

칸트, 목숨이 위협받아도 거짓은 안 된다

어려운 말을 많이 하기로 유명한 칸트는 언제나 정직하라고 말했다. 사람은 늘 진실을 말해야 한다고 주장했다. 프랑스 철학자 콩스탕 같은 이는 '진실을 말해야 할 의무는 진실을 알 자격이 있는 사람만을 대상으로 하며, 살인자 같은 사람은 당연히 여기에 해당하지 않는다' 하고 말했지만 칸트는 어쩔 수 없이 하는 말에도 진실을 담아야 한다고 주장했다. 자신이 아무리 불리한 상황에 처한다 해도 진실을 이야기하는 것이 사람의 의무라고 믿었다. 이것이 칸트의 견해다.

가만히 보니 칸트와 관중의 의견이 비슷하다. 관중은 협박을 받은 상황에서 한 약속이라 하더라도 신뢰를 지키는 것을 무엇보다 중요하게 여겼다. 지도자의 말에는 거짓이 있어서는 안 된다고 생각한 것이다. 칸트도 마찬가지 생각이다. 거짓은 종류를 막론하고 진실을 오염시키며, 사람과 사회를 타락시킨다고 믿었다.

   철학은 엄마보다 힘이 쎄다

　『윔피키드2』(제프키니)를 읽어 보면 주인공 그레그가 거짓말을 했다가 엄마에게 혼이 나는 장면이 나온다. 그래서 그레그는 어떤 상황에서도 진실만을 말할 것을 엄마에게 약속한다. 그레그는 정직을 곧이곧대로 실천한다. 이웃집 키 작은 소년이 야구 선수가 되고 싶다고 하자 "너는 키가 작아서 야구 선수하기 어려워."라고 정직하게 말한다. 할아버지 앞에서도 오래 사시지 못할 거라고 말해 버린다. 한 번은 엄마가 피하고 싶은 사람에게서 전화가 왔는데 엄마가 집에 없다고 말하라고 시킨다. 엄마의 명령을 따르면 거짓말을 하게 되고, 거짓말을 안 하면 엄마 명령을 어기게 되는 상황이다. 이때 그레그는 엄마를 집 밖으로 얼른 내 보내고 "지금 집 안에는 안 계세요."라고 말한다.

　윔피키드의 에피소드를 읽다 보면 일상생활에서 예의상 거짓말을 해야 하는 경우가 얼마나 많은지 알 수 있다. 무조건 진실하라는 말, 무조건 정직하라는 말은 별로 설득력이 없어 보인다. 중요한 가치와 덜 중요한 가치가 충돌할 때 더 중요한 가치를 선택하는 것이 일반적이다. 이를 경제학에서는 '기회비용'이라고 한다. 어느 하나를 선택했을 때 잃게 되는 것, 손해 보는 것의 가치가 바로 기회비용이다. 목숨과 정직 중에서는 당연히 목숨이 크다. 따라서 정직을 선택함으로 인해 목숨을 잃는 것은 기회비용이 너무 크므로 선택하면 안 된다. 이렇게 놓고 보면 대철학자인 칸트가 완전히 헛소리를 한 것 같다. 도대체 칸트는 무슨 생각으로 '늘 정직하라', '어떤 상황에서도 진실하라'고 한 것일까?

늘 진실해야 하는 이유

기회비용, 예의상 할 수밖에 없는 처지는 거짓말을 하는 것을 정당화시키는 논리로 자주 사용된다. 기회비용과 예의를 핑계로 사람들은 아주 쉽게 거짓말을 한다. 기회비용과 예의가 핑계가 되기 때문에 거짓말을 해 놓고도 죄책감이 들지 않는다. 너도 나도 거짓말을 하게 되고, 사회는 거짓과 정직이 구분되지 않는 상황이 된다.

칸트가 어떤 경우에도 정직해야 한다고 강조한 것은 바로 어쩔 수 없는 상황이 아님에도 거짓말을 해 놓고 합리화하는 사람들을 비판하기 위함이다. 솔직히 목숨을 위협받는 상황에서 거짓과 생명을 선택하는 처지에 놓이게 되는 일은 매우 드물다. 그때는 당연히 목숨이 중요하다. 그러나 사람들은 생명을 위협받는 상황도 아니고, 꼭 필요하지도 않은 상황에서 거짓을 선택하고는 "어쩔 수 없었어."라고 말하면서 자신에게 면죄부를 준다.

칸트의 정직이 무슨 의미인지, 관중이 왜 협박을 받으면서 한 약속도 지키라고 했는지 헤아려 볼 일이다. 우리는 너무 쉽게 정직을 포기

철학은 엄마보다 힘이 쎄다

하고 거짓을 선택한다. 내가 그러면 남도 그렇게 한다. 그리고 어느 순간 우리는 다른 사람 말을 곧이곧대로 믿지 못하고 혹시 상대방이 하는 말이 거짓이 아닐까를 의심하며 살게 된다. 거짓말은 불신의 사회를 만든다. 어쩌면 지금 우리는 이미 불신의 사회에 살고 있는지도 모르겠다.

나는 왜 최신 스마트폰을 소유하고 싶은 것일까?

"0.5점 때문에 망했어요."

필자를 만나자마자 희원이가 투덜거렸다. 이유를 물을 여유도 주지 않고 희원이는 사정을 늘어놓았다.

"엄마가 평균 92점을 넘으면 스마트폰을 사 주겠다고 하셨거든요. 그런데 91.5점 맞았어요. 어휴, 그 0.5점 때문에 스마트폰이 날아갔어요. 그런데 0.5점이 뭔 줄 아세요? 하나 실수로 틀려서 4점 깎였는데, 그 문제만 맞았으면 스마트폰이 생기는 것이었다고요. 엄마한테 이야기했죠. 이러저러해서 이렇다 이야기했더니 엄마는 그것도 실력이래요.

철학은 엄마보다 힘이 쎄다

내가 '예전보다 무려 3점이나 평균이 오르지 않았느냐'라고 했더니 약속은 약속이래요. 어휴. 내가 얼마나 새 스마트폰이 갖고 싶었는데. 기말시험은 과목도 많아지고 난이도도 높아져서 평균 92점을 받기가 힘들어요. 아, 도대체 언제까지 이 휴대폰을 써야 하냐고요. 이거 너무 오래된 구닥다리라 창피해서 못 들고 다녀요."

"선생님 휴대폰이나 보면서 이야기해라. 내 것에 비하면 넌 최신식이야."

"에이, 그것은 선생님이 유행과 상관없이 사니까 그렇죠. 그리고 선생님도 좀 최신식으로 바꾸세요. 그게 뭐에요. 전화랑 문자밖에 안 되고."

"이것이 뭐가 어때서. 난 충분한데 뭐."

"선생님은 그렇게 사세요. 그래도 전 스마트폰이 필요해요."

희원이는 스마트폰이 정말 갖고 싶은 모양이었다. 갖고 싶다는데 이유가 필요할까 싶다. 스마트폰이 대세고 학생들 중에도 스마트폰을 가진 학생이 많아지다 보니 자연스럽게 생긴 소원일 것이다. 그렇지만 그대로 넘어가기에는 내 마음이 조금 뒤틀렸다. 내 소중한 휴대폰을 유행에 뒤처졌다고 업신여기는 태도에 약간 화가 나기도 했다. 그래서 직업병처럼 물었다.

"너는 왜 스마트폰을 갖고 싶은데?"

다양한 기능, 뛰어난 성능

사람은 기본적인 의식주를 해결해야 살아간다. 따라서 가난에서 벗어나 기본적인 의식주를 해결하고 싶다는 마음은 욕심이 아니다. 생존하기 위해 반드시 필요하기 때문이다. 그런데 사람들은 생존에 필요한 의식주를 어느 정도 갖추었더라도 더 많이 가지기를 원한다. 왜 이렇게 끊임없이 욕심이 생기는 것일까?

"왜라뇨? 갖고 싶으니까요."

"갖고 싶은 이유가 궁금한 거야."

"멋지잖아요. 최신식이고. 인터넷도 즐길 수 있고. 선생님은 구닥다리라서 그런 거 모르시잖아요."

"그거 없으면 생활이 안 되니?"

"그것은 아니죠. 그럼 선생님은 생활에 꼭 필요한 것만 사세요?"

"아니."

"저도 마찬가지에요. 생활에 꼭 필요한 것은 아니지만……, 생각해 보니 생활에 많이 필요해요. 정말 많은 것을 할 수 있으니까요."

"선생님 휴대폰을 너무 구닥다리 취급해서 하는 말인데, 스마트폰이 좋은 것은 나도 알아. 휴대전화보다 훨씬 많은 기능이 있고, 다양한 것을 즐길 수 있다는 것도."

"아시면서 괜히 트집 잡으려고 물으신 거죠?"

"트집이라면 트집이겠지만. 흠, 내가 묻고 싶은 것은 정말 그 기능들을 네가 활용하기 위해서, 그 기능이 생활에 꼭 필요해서 네가 스마트폰을 원하는 거냐고?"

"필요하니까 원하죠."

"정말? 진짜 그 기능을 필요로 하기 때문에 원한다고? 다른 것을 원하는 것은 아니고?"

"다른 거요? 그게 뭔데요?"

견주는 마음이 욕심을 만든다

희원이는 도전하는 자세로 나에게 말을 했다. 평소 수업하면서 당했던 것－예를 들면 이것도 저것도 택하기 어려운 상황에 빠뜨려 놓고 괴롭게 만들거나, 자신은 철석같이 옳다고 믿었던 생각을 뒤흔들어서 고민하게 만들었던 경험－을 한번에 복수해 보겠다는 자세였다.

"일단 내가 문제를 낼게. 만약 친구가 1만 원, 자신이 2만 원을 받는 상황이 있고, 친구가 5만 원, 자신이 3만 원을 받게 되는 상황이 있다고 가정해 보자. 이 두 상황 중에서 하나만 선택해야 한다면 넌 어떤 것을 선택할래?"

"잠깐만요. 그러니까 친구가 1만 원, 내가 2만 원은 내가 많이 받는 거네요. 그런데 친구가 5만 원, 내가 3만 원은 내가 적게 받지만, 2만 원보다는 많이 받는 거네요. 그 상황에서 뭘 선택하겠냐고요? 음. 잠시만요."

희원이는 이맛살을 찌푸렸다.

"그 친구가 저랑 어떤 관계에요?"

"어떤 관계? 아주 친하면 어떻게 할 건데?"

"아주 친하면 난 3만 원, 친구는 5만 원 받는 선택을 할 거에요. 그런 후에 나눠 갖죠."

"그래? 괜찮은 생각이네. 별로 안 친하면 어떻게 할 건데?"

"안 친한 친구 1만 원, 저 2만 원요."

"왜?"

"저는 안 친한 친구보다 적게 받는 것은 싫어요."

"싫다? 왜?"

"친하지도 않은 아이가 저보다 돈을 더 많이 받아서 잘난 척하는 꼴을 어떻게 봐요."

희원이는 당연한 것을 묻는다는 태도였다.

"이 질문을 다른 사람들에게 하면 어떤 대답이 많을 것 같니?"

"저랑 비슷하겠죠. 아마 친구 1만 원, 나 2만 원을 택할 거 같아요."

  철학은 엄마보다 힘이 쎄다

"맞았어. 언뜻 생각하면 2만 원보다 3만 원이 많으니까 3만 원을 택할 것 같지만 사람들은 안 그렇다는 거야. 절대적인 크기보다는 주변 사람과 견주어서 내가 얼마나 받느냐가 사람들에게는 훨씬 중요하단 거지."

"그렇겠네요. 그런데 그것이 스마트폰이랑 무슨 관계가 있죠?"

"네가 정말 필요해서 스마트폰을 가지려 하는 것이냐고 묻기 위해서야. 정말 필요해서 네가 스마트폰을 원하는 것일까? 아니면 필요보다는 남보다 좋은 것을 갖고 싶어서, 또는 남들이 갖고 있는 것만큼 좋은 것을 갖고 싶어서일까?"

네가 원하는 것이 뭐니?

경제학의 아버지라 불리는 애덤 스미스는 다음과 같이 말했다.

"가난을 피하고 부자가 되고자 하는 인간의 열망은 물질적 필요 때문이 아니라 주위로부터 존경받고 대접받고자 하는 허영심에서 나온다."

더 많이 갖고 싶은 욕심은 정말 꼭 필요해서 그런 것이 아니라 다른 사람보다 더 갖고 싶고, 다른 사람에게 존경받고 싶은 마음에서 온다는 것이다. 쉽게 말하면 잘난 척하고 싶은 마음 때문에 부자가 되려고 한다는 것이 애덤 스미스의 생각이다. 물론 필자도 이에 동의한다.

"저는 필요해요."

희원이는 입술을 지그시 깨물며 굳세게 자기 고집을 이어갔다.

"정직해져."

"전 정직해요."

"네가 정직하지 않다는 것이 아니야. 네 감정을 정직하게 들여다보라는 거지."

"제 감정이요?"

"그래, 너의 감정."

"제 감정이 어때서요?"

"소유욕은 필요해서라기보다는 남에게 잘난 척하려고, 남보다 우월해 보이려고 하는 감정에서 비롯돼. 더 가지면 다른 사람들이 자신을 더 나은 존재라고 여긴다고 믿기 때문이지. 반대로 부족하면 자신이 낮은 존재라고 여기게 되지. 그 결핍감이 소유욕을 부추겨. 그래서 가난한 동네에서 100만 원 버는 사람보다 부자 동네에서 1,000만 원 버는 사람이 더 불행하다고 해. 주위 사람과 견주는 마음 때문이지."

"그러니까 제가 제 친구들과 비교해서 좋은 스마트폰을 갖고 있다는 우월감을 느끼기 위해서 스마트폰을 갖고 싶다는 것인가요?"

"난 네 감정을 몰라. 그러니 그렇게 단정해서 말할 수는 없지. 다만 물건을 소유하려는 마음은 필요가 아니라 어떤 사람이 원하는 감정에서 나오는 것이라고 말했을 뿐이야.”

희원이는 조금 망설이더니 고개를 끄덕였다.

“소유욕이 감정에서 나온다는 것에는 동의해요.”

“그래서 너에게 물은 거야. 네가 스마트폰을 소유하는 것을 통해 얻으려는 감정이 뭘까? 도대체 어떤 감정을 얻기 위해서 스마트폰을 사려고 하느냐, 그것이 내 질문의 요지야.”

물건을 통해 얻는 감정

일주일이 지난 뒤 희원이는 자기 생각을 털어놓았다.

“제가 왜 스마트폰을 갖고 싶은 마음이 생겼는지 가만히 생각해 봤거든요. 그랬더니 제가 별로 좋아하지 않는 아이가 스마트폰을 샀다고 막 자랑을 한 것 때문이었어요. 겉으로는 ‘흥, 뭐 그까짓 거 가지고 자랑하냐?’라고 생각했는데, 속으로는 어찌나 화가 나던지. 그때부터 엄마를 졸랐어요. 그러자 엄마가 조건을 건 것이고요. 한번 사겠다는 마음을 먹으니까 안 사고는 못 배기겠더라고요. 텔레비전을 보아도 스마트폰 광고만 자꾸 눈에 들어오고. 아무튼 출발이 그래요. 물론 지금도 스마트폰을 갖고 있으면 재미도 있고, 잘 활용하면 도움이 될 것이라는 생각에는 변함이 없어요.”

“그럼. 당연히 재미있고 도움도 되겠지. 네가 네 감정을 정직하게 들여다보고, 속시원하게 털어놓으니까 기분이 참 좋다.”

난 희원이 어깨를 두드려 주었다.

“그런데요. 그럼 전 스마트폰을 사지 말아야 하나요?”

“난 그런 소리 안 했는데?”

“알아요. 사야 할 것인지, 사지 말아야 할 것이지 고민이 되니까 그렇죠.”

“어차피 성적이 안 돼서 엄마가 안 사 준다며?”

“휴, 엄마가 사 주시겠데요. 아빠가 그 정도 노력했으면 충분히 받을 자격이 있다고 말씀하시는 바람에 엄마가 마음을 바꾼 거죠. 그런데 정작 제가 고민이 되요.”

“웬 고민? 좋은 기회인데.”

“싫어하는 아이가 잘난 척 하는 꼴을 보기 싫어 스마트폰을 사겠다고 결심한 것이 창피해서요.”

“창피하다고? 네가? 하하하.”

“웃지 마세요. 심각해요. 그렇게 속좁은 마음 때문에 갖고 싶어서 난리를 피우고, 그 고생을 하면서 성적 올리려고 노력하고…….”

난 정색을 하고 말했다.

  철학은 엄마보다 힘이 쎄다

“이 상황에서 선생님이 해 줄 수 있는 말은 두 가지야. 어떤 물건이 정말 갖고 싶다면, 그 물건을 통해 자신이 얻고 싶은 감정이 무엇인지 잘 생각해 보라는 거야. 그리고 그 물건을 통해 그 감정을 정말 얻을 수 있을지 고민해 보는 거야. 정말 그 감정을 얻을 수 있고, 그 감정이 정말 소중하다면 그 물건을 사. 돈이 안 되면 돈을 마련하기 위해 노력해. 반면에 그 감정이 남보다 잘난 척하고 싶은 마음이거나, 물건을 살 때만 잠깐 느꼈다가 사라질 감정이라면 정말 그 물건을 소유할 가치가 있는지 곰곰 생각해 봐.”

“알겠어요. 더 생각해 볼게요. 그런데 해 줄 수 있는 말이 두 개라고 하셨죠. 다른 하나는 뭐에요?”

“물건을 소유한다고 해서 네가 원하는 감정을 얻을 수 없다는 거야.”

“그것은 동의하기 어렵네요. 물건을 가지면 기쁘고, 즐겁고, 잘난 척할 수도 있잖아요.”

“얼핏 생각하면 그렇지. 지금의 너에게는 조금 어려운 이야기야. 때가 되면 다시 이야기 나눌 기회가 있을 거야. 아무튼 선생님은 ‘감정은 물건이 아니라 나 자신의 출발점이요, 종착점이다’라고 생각해. 모든 감정은 전부 나에게서 나오는 거야. 외부가 아니라.”

“선뜻 동의하기는 어렵지만 어렴풋이 무슨 말씀인지 알 것 같네요.

지금은 스마트폰으로도 충분히 골치 아프니까 그만 할래요. 그런데 선생님, 제가 사야 할까요? 말아야 할까요?”

필자가 한마디를 했다.

“내가 늘 말하지. 선택은…….”

희원이는 고개를 절레절레 흔들며 말했다.

“제 몫이죠.”

감정에 정직하자

청소년들을 만나서 어떤 행동이나 말을 한 이유를 물으면 상당수가 ‘그냥’이라고 대답한다. 이유가 없다. ‘그냥’이다. 싫은 이유를 물어도 ‘그냥’, 하고 싶은 이유를 물어도 ‘그냥’, 싸운 이유를 물어도 ‘그냥’이다. 물론 ‘그냥’이라는 말 뒤에 숨겨진 마음, 사연을 드러내기 꺼려하는 점도 이해한다. 믿음과 신뢰가 없는 사람한테 자기를 굳이 설명하고 싶지 않은 마음도 있을 것이다. 솔직한 자기표현을 있

철학은 엄마보다 힘이 쎄다

는 그대로 받아 주지 않는 어른들을 경험했기 때문일 수도 있다. 그러나 정말로 자기 자신도 자기 자신이 왜 그런지 이유를 몰라서 '그냥'이라고 말하는 경우가 너무나 많다.

많은 청소년들이 자기를 모른다. 특히 자기 감정을 모른다. 자신이 원하는 감정이 무엇인지 모르기 때문에 표현하지도 못한다. 그저 남들보다 잘나 보이려고, 남들보다 못나 보이지 않으려고 소유욕에 집착한다. 자신이 진실로 원하는 감정은 물건을 통해 얻을 수 없음에도 물건에 집착한다.

자신의 감정에 정직할 수 있다면 행복은 바로 그 자리에서 자라난다. 자신의 감정에 정직하면 겉모습이나 소유한 물건이 별로 중요하지 않게 된다. 겉모습에 얽매이지 않고, 들고 다니는 물건이 싼 티 나게 보여도 부끄러워하지 않게 되면, 어떤 상황에서도 진실로 행복하게 살 수 있다. 물론 그렇게 사는 것은 어른에게도 참 힘든 일이기는 하지만 말이다.

칼뱅, 돈을 향한 욕망에 면죄부를 주었나?

굳이 유명한 철학자의 이름을 들먹이지 않더라도 인간은 누구나 행복하게 살기를 원한다. 어떤 사람은 돈으로 행복을 얻고자 하며, 어떤 사람은 지위를, 어떤 사람은 명예를, 어떤 사람은 봉사를 통해 행복을 얻고자 한다. 방법은 다양하지만 행복하게 살고자 하는 욕구는 모든 사람이 똑같다.

행복은 인간이 집요하게 추구하는 것 가운데 최고의 목표다. 그래서 아리스토텔레스도 행복을 가리켜 '인간의 최고선'이라고 했다. 모든 강물이 바다로 흐르듯 인간의 모든 행동과 욕망의 귀착점은 행복이다.

철학은 엄마보다 힘이 쎄다

그런데 오늘날 행복하냐고 물으면 자신 있게 대답하는 사람을 찾기가 힘들다. 다들 행복을 위해 물불 안 가리고 노력하는데 행복은 저 멀리 찾기 힘든 곳에 있는 듯하다. 물질적으로 풍요로워졌음에도 행복이 저 멀리 있는 이유는 바로 돈 때문이다. 나보다 많이 가진 사람과 견주면서 박탈감을 느끼고, 내가 지닌 것에 감사하기보다 내가 없는 것을 소망하는 마음이 강해지다 보니 행복은 늘 멀게만 느껴진다. 결국 문제는 돈이다.

칼뱅은 돈벌이를 정당화했는가?

마르크스는 자본주의가 생산력의 발전을 통해 등장했다고 주장했지만, 막스 베버는 자본주의는 생산력이 아니라 기독교의 직업윤리 의식에서 출발했다고 주장한다. 베버의 주장은 칼뱅의 직업소명설을 근거로 하고 있다. 칼뱅이 말한 직업소명설에 따르면 인간은 신이 미리 정한 소명에 충실하면 천국에 갈 수 있는데, 가장 중요한 소명은 자신의 생업, 즉 직업에 최선을 다하는 것이다. 따라서 상인이나 공장주가 열심히 일하고 금욕하여 재산을 모으는 것은 그만큼 소명에 충실한 것이며, 구원받을 가능성이 높다는 것이다. 칼뱅은 "직업은 신이 맡긴 것이므로, 직업에 귀천이 없으며, 직업을 통해 얻은 이득은 신의 선물이므로 죄악이 아니다."라고 말한다.

그런데 전통 가톨릭에서는 부의 축적을 옳게 보지 않았다. 중세 유럽에서 유대인들이 주로 고리대금업을 많이 했는데, 중세 유럽인들은 성경에서 죄악으로 여긴 고리대금업을 한 유대인들을 많이 경멸했다. 그것이 원인이 되어 유대인에 대한 학살이 중세 유럽 곳곳에서 벌어지기도 했다. 이처럼 부의 축적을 죄로 보던 중세 가톨릭에 반해 칼뱅이 돈벌이는 신의 섭리라고 했으니, 돈벌이에 관심이 많은 금융업자, 상공업자들이 칼뱅을 얼마나 좋아했을지 짐작할 수 있다.

그 전까지는 돈벌이를 하면서도 자신들이 믿는 종교에 위배된다는 생각에 속으로 찜찜했지만, 이제 돈벌이는 신의 섭리를 따르는 일이므로 당당해지게 된 것이다. 당연히 돈벌이는 죄가 아니며, 마음껏 추구해도 되는 목적이 되었다.

지금은 돈벌이를 죄악으로 여기는 사람은 거의 없으며, 돈은 많을수록 좋다는 생각이 널리 퍼져 있다. 심지어 '부자는 신의 축복이며, 가난은 신의 저주'라는 주장을 일삼는 종교인들도 나타나고 있는 실정이다.

행복은 욕망에 반비례한다

막스 베버 이후, 칼뱅은 돈을 향한 욕망을 정당화시킨 신학자로 인식되어 왔다. 그러나 일부 학자들은 칼뱅은 결코 돈을 향한 욕망을 정당화시키지 않았으며, 오히려 자본주의를 비판한 신학자라고 말하기도 한다. 막스 베버의 비판자들에 따르면 칼뱅은 부는 하나님이 주신 것이며, 부자들의 부는 가난한 사람들을 위해 쓰여야 한다고 강조했다. 또 칼뱅은 교회와 국가가 나눔의 문화, 나눔이 제도화된 사회를 만들기 위해 노력해야 한다는 점도 강조했다.

칼뱅이 '부의 나눔', '부의 분배'를 강조했다면 우리는 칼뱅을 심각하게 오해한 셈이다. 칼뱅은 행복은 부의 추구에 있는 것이 아니라 '부의 나눔'에 있다고 보았다. 그럼에도 현대 자본주의 사회는 나눔이 아니라 '부의 축적'에서 행복을 찾는다. 돈은 많이 벌수록, 돈이 많으면 많을수록 행복이 커진다는 굳센 신념이 사회를 지배하고 있다.

행복이란 원하는 것을 얻게 되었을 때 찾아온다. 이를 공식으로 쓰면 다음과 같다.

$$\text{행복} = \frac{\text{만족}}{\text{욕망}}$$

　행복은 욕망의 크기가 클수록 줄어들고, 작을수록 커진다. 또 행복은 만족의 크기가 크면 커지고, 작으면 줄어든다. 행복은 만족에 비례하고, 욕망에 반비례한다.

　문제는 자본주의 사회에서 욕망은 돈으로 표시되고, 돈은 숫자이므로 무한대라는 것에 있다. 따라서 욕망의 크기는 무한이다. 욕망이 무한이면 만족이 아무리 높아도 행복은 '0'이다. 아무리 돈을 많이 벌어도, 아무리 부자라도 결코 행복해질 수 없는 이유가 여기에 있다.

　결국 행복은 소유와 욕망에서 오는 것이 아니라 '만족'에서 온다. 만족은 감사다. 내가 지닌 것에 대한 감사다. 주어진 것에 감사할 줄 모른다면 행복할 수 없고, 아무리 가진 것이 없어도 감사하는 마음이 크면 행복하다.

　그래서 행복은 큰 것이 아니라 작은 것에서 온다. 행복은 아침에 눈 뜨면 찾아오는 상쾌한 공기 속에서, 아침밥의 따스한 온기 속에서, 친구의 다정한 손길 속에서, 유유히 떠다니는 구름 속에서, 시원한 바람의 속삭임 속에서, 쉬는 시간의 자유로운 대화 속에서, 밤을 밝히는 전등 속에 숨어 있다. 즉, 우리 주위의 모든 것에 행복이 숨어 있다. 그것을 찾아내는 능력을 기르는 것이 행복, 즉 인생의 근본 목적을 달성하는 것이다.

철학은 엄마보다 힘이 쎄다

엄마를 설득해 PMP를 얻는 방법

"저한테는 정말 PMP가 필요하거든요. 그런데 엄마가 안 사 주신데요."

"PMP가 왜 필요해?"

"제가 밤 11시까지 야자를 하거든요. 그러면 집에 와서 인강을 들을 시간이 없어요. 전 정말 인강 체질인데. 몇 개 듣지도 못하고 자야 해요. 너무 늦게까지 인강을 듣다가는 수면 부족으로 다음 날 공부에 집중하지도 못하고. 그래서 인강을 평상시에 들으려면 PMP가 꼭 필요해요."

"그럼 그렇게 엄마한테 말하면 되잖아."

"제가 안 했겠어요? 그렇게 말했죠. 그런데도 안 된데요."

믿지 못하는 이유

현우는 고등학교에 들어간 뒤에 정말 열심히 공부를 했다. 중학교 때도 제법 공부를 잘하고 열심히 하는 편이었지만 고등학교 들어가서는 정말 공부만 했다. 열과 성을 다해서 공부했고, 좋은 대학에 들어가 자신이 원하는 꿈을 이루겠다며 열의를 불태웠다. 늘 당당하고 자신감에 차 있었다. 그럼에도 엄마가 PMP를 사 주지 않겠다고 한 이유가 궁금했다.

"음, 엄마가 안 사주시는 이유가 뭐야?"

"절 못 믿으시겠데요."

"진짜? 넌 꽤나 엄마한테 신뢰를 받고 있는 것으로 알고 있었는데 그게 아니었어? 네가 평상시에 도대체 어떻게 행동했기에 못 믿으시겠다고 하시니?"

필자는 현우를 믿지 못하겠다는 현우 어머니의 답변에 조금 놀랐다. 현우는 손사레를 치며 고개를 저었다.

"그것이 아니고요. 제가 영화광이잖아요."

"그건 잘 알지."

"엄마는 PMP를 사 주면 제가 분명히 영화를 보느라 정신 못 차릴 것이라고 생각하세요."

"영화 안 본다고 말하면 되잖아?"

"그것이 말로 안 된다니까요."

현우는 PMP를 갖고 싶어 하지만 엄마는 현우가 영화를 너무 좋아하기 때문에 분명 PMP로 영화를 보느라 공부를 하지 않을 것이라고 생각하신다. 그러니 아무리 '믿어 달라', '영화를 보지 않겠다', '인강을 위해 정말로 필요하다'라고 설득해도 안 되는 것이었다. 말로 설득할 상황이 아니었다. 현우는 어떻게든 설득해야 한다면서도 방법을 찾지 못해 답답해했다.

엄마에게 신뢰를 얻는 방법

"그런 상황이면, 이런 방법은 어때?"

"어떤 방법이요?"

"믿음은 말이 아니라 행동으로 보여야 얻을 수 있는 거야."

"그렇죠."

"네가 갖고 있는 영화를 전부 삭제하는 거지. 완전히 다. 엄마가 보는 앞에서. 그러면 엄마가 널 믿으실 거야."

"그럴 수는 없어요. 제가 갖고 있는 영화는 전부 소중해요. 그리고 그 영화들은 정말 귀하고 좋은 영화들이에요. 제가 나중에라도 다시 보고 싶은 영화들이고, 제 삶의 추억으로 간직하고 싶은 영화들이죠."

"그렇다면 삭제하는 것이 별로 좋은 방법은 아닌 것 같다. 그럼 이 방법은 어때? 외장하드에 네가 가진 모든 영화를 전부 옮겨. 그 다음 엄마에게 외장하드를 맡기는 거야. 그리고 이렇게 말씀드려. "엄마가 PMP를 못 사 주시는 이유가 영화 때문이라는 것을 알아요. 그래서 제가 가진 모든 영화를 외장하드에 담았어요. 이것을 엄마에게 맡길 테니 제가 대학 합격한 뒤에 주세요. 전 대학 합격할 때까지 영화를 보지

철학은 엄마보다 힘이 쎄다

않을게요. 전 정말 PMP가 필요해요. PMP로 인강만 들을게요."라고 말씀드리면 아마도 설득할 수 있을 거야. 신뢰는 말이 아니라 행동으로 보여 줄 때 확실히 얻을 수 있는 법이니까."

"와! 그거 좋은 방법이네요. 그렇게 해 볼게요."

바로 그 다음 날 현우에게서 전화가 왔다.

"엄마가 PMP 사 주신데요."

"정말? 내가 말해 준 대로 했어?"

"네, 엄마가 절 믿으시던데요."

전화기 너머로 현우의 밝은 표정이 느껴졌다. 부모님의 신뢰를 얻고 싶다면 부모님이 신뢰할 수 있도록 행동하는 것이 먼저다. 믿음은 말에서 오지 않는다. 믿음은 행동에서 나온다. 정직한 행동만이 신뢰를 얻는 유일한 방법이다.

복희, 인간의 운명을 점치다

인간은 미래를 궁금해 한다. 내일 무슨 일이 일어날 것인지, 내가 어떤 삶을 살게 될 것인지 항상 궁금해 한다. 동서양을 막론하고 점성술이 발전한 것은 다 이유가 있다. 동서양을 통틀어 점성술과 관련하여 가장 유명한 책을 꼽으라면 단연 『주역(周易)』을 들 수 있다.

사람들은 『주역』을 점성술을 다룬 책 정도로만 알고 있지만 사실 단순히 점성술만을 담은 책이 아니다. 『주역』은 공자가 가장 좋아하는 책으로 널리 알려져 있다. 공자가 『주역』을 어찌나 좋아했던지 이 책을 묶은 가죽끈이 세 번이나 끊어졌다는 '위편삼절(韋編三絶)'이라는 고사성

어도 전해 내려온다. 공자가『주역』을 좋아했던 것은 이 책에 세상만사
의 진리가 담겨 있기 때문이다. 단순한 점성술이 아니었던 것이다.

　『주역』은 팔괘와 이를 바탕으로 만든 64괘에 각각의 의미를 부여하
고 해석한 책이다. 태극기에서 태극 주변에 있는 4괘도 팔괘의 일부다.
팔괘를 만든 이는 전설 속의 인물인 복희로 알려져 있다. 복희는 하늘,
해, 달, 별을 비롯한 천문을 관찰하고, 새, 짐승, 풀, 나무, 사람, 사물을
관찰하여 팔괘를 만들었다고 한다.

　『주역』 이외에도 우리 주변에서 흔히 보는 점성술에는 사주팔자라
는 것이 있다. 사주는 인생의 네 기둥으로 태어난 해, 월, 일, 시를 가리
킨다. 팔자란 '여덟 개의 글자'라는 뜻인데, 옛날 사람이 날짜와 시간을
나타내는 방식인 십간십이지(十干十二支)에서 유래한 말이다. 조상들은 날
짜와 시간을 나타낼 때 십간(갑, 을, 병, 정, 무, 기, 경, 신, 임, 계)과 십이지(자, 축, 인, 묘,
진, 사, 오, 미, 신, 유, 술, 해)를 사용했다. 요즘에도 '갑자년', '병인년', '경술년'하
는 식으로 표현하는 경우가 있는데 이것이 모두 십간십이지를 이용한
말이다. '연'뿐만 아니라 '월, 일, 시'도 모두 십간십이지를 이용하여 표
시할 수 있다. 태어난 '연, 월, 일, 시'를 모두 표시하면 여덟 글자가 되
는데, 이를 '팔자'라고 한다. 태어난 시기에는 그에 따른 기운이 있기 마
련이고, 그 기운이 사람의 운명에 큰 영향을 미친다는 것이 동양인의

생각이었다.

이 밖에 '수상'과 '관상'이 있는데, 수상은 손에 있는 손금을 보고 점을 치는 것이고, 관상은 얼굴을 보고 점을 치는 것이다. 요즘에는 서양 문화가 많이 들어와 점성술이나 타로카드를 이용하여 보는 점도 많아지고 있다.

점성술에도 서열이 있다

동양의 점성술에는 서열이 있다. 레벨의 높고 낮음이 있다는 말이다.

사주(四柱)는 불여수상(不如手相)이며,

수상(手相)은 불여관상(不如觀相)이고,

관상(觀相)은 불여심상(不如心相)이다.

사주가 아무리 좋다 하여도 수상만 못하며,

수상이 아무리 좋다 하여도 관상만 못하며,

관상이 아무리 좋다 하여도 심상만 못하다.

사주는 타고 나는 것이다. 이는 내 의지와는 아무런 관련이 없다. 하늘이 주신 뜻이며, 운명이다. 그래서 사주가 가장 낮은 단계다. 반면에

철학은 엄마보다 힘이 쎄다

수상, 즉 손금은 내가 타고나는 운명이다. 내 의지와는 무관한 사주팔자와는 달리 수상은 무의식적으로 타고난 운명이다. 그래서 사주팔자보다는 수상의 레벨이 높다.

수상보다 높은 것이 관상이다. 관상이란 '얼굴의 상'이다. 얼굴도 의지와는 무관한 것이기 때문에 수상보다 낮아야 정상이지만 그렇지 않다. 관상, 즉 얼굴에서 보이는 이미지와 느낌은 살아가면서 만들어진다. 많이 웃는 사람은 웃는 형상이 되고, 화를 많이 낸 사람은 화난 인상이 되며, 따뜻한 사람은 따스한 인상이 된다. 따라서 관상은 사람이 살아가면서 만들어 낸 것이다. 따라서 관상이 수상보다 레벨이 높은 것이다.

심상은 마음의 상이다. 마음이 얼마나 착한지, 마음이 얼마나 고운지, 마음이 얼마나 따뜻한지를 보여 주는 것이 '심상'이다. 마음은 모든 것의 근원이다. 어떤 마음을 지니고 있느냐에 따라 사람이 달라진다. 관상이 살아가면서 만들어지는 것이기는 하지만 자기 의지와 상관없이 주어지는 면이 강한데 비해 심상은 철저히 자기 몫이다. 따라서 당연히 심상이 관상보다 레벨이 높다.

모든 것은 행동보다 못하다

심상이 최고라고 여기겠지만 실은 심상보다 높은 것이 있다. 바로 '행동'이다. 행동은 모든 것을 넘어선다. 불교에 십우도(十牛圖)라는 것이 있다. 잃어 버린 소를 찾는 과정을 나타낸 그림인데 깨달음의 경지를 열 단계로 나누어서 보여 준다. 그런데 십우도의 마지막 단계를 보여 주는 그림은 '행동'이다. 모든 깨달음 끝에 다른 사람을 위해, 중생을 구하기 위해 행동에 나서는 그림이 최고 단계다. 예수님이 말씀하신 '사랑'도 행동이다. 누군가를 사랑하면 당연히 사랑을 실천하게 된다.

사람들은 늘 행동하면서 산다. 무언가 실천하며 산다. 그 실천이 쌓이고 쌓이면 습관이 된다. 그리고 습관은 운명을 만든다. 결국 운명은 행동의 다른 말이다. 현대는 '말'과 '이미지'와 '영상'이 넘쳐나는 시대다. 노자는 "말로 표현할 수 있는 진리는 진리가 아니다."고 말했다. 말이 지닌 한계를 지적한 말이다. 오로지 행동만이, 삶만이 진짜다.

마음은 천국을 만들 수 있고, 지옥을 만들 수도 있다.

-존 밀턴-

미래

: 열에 아홉은 자신의 꿈을 절대로 이룰 수 없다는 것을 아는가?

: 정의로운 꿈을 꿀 수는 없을까?

: 실현 불가능해 보이는 꿈을 꾸면 안 되는가?

어른들은 미래에 관해 대부분 거짓말을 한다

"열정을 품고 공부한다고 해도 성공하지 못한 사람이 많아요. 아니 특별한 욕심도 아니에요. 어떤 글을 읽었는데, 그저 연구만 계속 하고 싶었던 사람이 있었어요. 이 사람은 비정규직 대학 강사였는데, 무기력하고 무능하며 좌절감만 가득 안고 살아요. 제가 그 사람 이야기를 읽었을 때 저도 제 미래에서 희망을 찾을 수가 없었어요. 미래가 암담했죠. 우린 어차피 대부분 88만 원 세대가 될 거라는 절망감이 무시무시하게 다가왔어요. 이렇게 공부한 뒤에 다가오는 결과가 88만 원 세대라니! 도대체 제가 뭐 때문에 죽어라고 공부하고 있는지 모르겠더라

철학은 엄마보다 힘이 쎄다

고요. 전 그래서 돈이 필요해요. 제가 꾸는 꿈이 있고 미래가 있지만, 88만 원 세대가 될 수도 있다는 두려움이 나의 발목을 잡아요. 그래서 저는 돈을 많이 벌 거예요.”

20대 청년이 한 이야기가 아니다. 18살 고등학생이 미래를 고민하며 한 이야기다. 국영수 모두 내신이 1등급이고, 모의고사를 보면 언어, 수학, 외국어 모두 1등급인 공부 잘하는 학생이 하는 말이다. 아마 이 책에 등장하는 청소년 중에서 전교 1등에 가장 근접한 학생일 것이다.

현실을 알아 버린 청소년의 좌절

“정직한 사람이 분노하지 않는 사회를 만들고 싶어요.”

윤철이가 한 말이다. 이런 멋진 말을 어른이 아니라 한창 공부하는 고등학생에게 들으니 신선했다.

윤철이는 정직이 최선의 가치라고 생각한다. 윤철이는 다분히 현실적이다. 그래서 우리 사회가 완전히 정직하게 되는 것은 불가능하다고 여긴다. 그래서 정직한 사람이 분노하지 않는 사회이기를 바란다. 그것이 가장 실현 가능한 일이라고 믿는다.

윤철이는 책을 많이 읽었다. 웬만한 어른보다 훨씬 지적 수준이 높다. 사회와 세상에 대한 관심도 남다르다. 그래서 윤철이는 분노한다.

사회에서 일어나는 부정직한 현상들을 접할 때마다 분노한다.

"세상은 정직한 사람을 화나게 해요."

"세상을 살면서 정직하게 살기는 쉽지 않아."

어른으로서 변명 아닌 변명을 해 본다.

"저도 정직하기가 쉽지 않다는 것을 잘 알아요. 솔직히 저도 정직하게 사는 것은 어려워요. 그래도 저는 주위에서 정직한 친구가 있으면 엄지손가락을 치켜 세워 줘요. 그런데 사회는 안 그래요. 정직하면 오히려 손가락질을 받아요."

부끄럽지만 윤철이 말이 사실이다. 윤철이가 비판하는 어른 세대의 한 사람으로서 부끄러움을 느낀다. 이렇게 사회에 대한 비판 의식이 높은 윤철이지만 정작 꿈은 연구원, 과학자다.

"전 화학, 생물 실험할 때가 너무 기뻐요. 내가 여기에 있어야 할 사람, 이 자리가 바로 내 자리라는 느낌이 들어요."

"나도 고등학교 때 천문 기상 관련 공부가 너무 재미있었어. 그래서 그런 꿈을 꾸었지. 네가 느끼는 그 재미가 어떤 것인지 알 것 같다."

"가만히 무언가 연구하고 탐구하는 기쁨, 새로운 것을 시도해 보고 결과를 기다리는 기분, 정말 짜릿해요. 전 그렇게 살고 싶어요. 그런데 불안해요. 과연 이 길에 희망이 있을까 두려워요. 생물학과 화학을 연구하며 실험실에서 불면의 밤을 지새우는 제 자신이 가장 행복하리라고 믿지만, 88만 원 세대, 비정규직 신세, 불안정한 대학 강사와 연구원이라는 현실을 외면하기 어려워요."

윤철이는 열정이 있다. 재능도 있다. 꿈도 있다. 그러나 현실을 이미 알아 버렸다. 윤철이는 신문을 통해, 책을 통해 세상이 열정만으로는 살아갈 수 없음을 배워 버렸다. 바른 품성으로 열심히 공부한다고 해도 반드시 꿈이 이루어지는 것은 아니라는 사실을 알아 버렸다.

"책은 거짓말이 많아요. 꿈을 꾸라고요? 그러면 된다고요? 100명이 교수가 되는 꿈을 꾼다고 해서 100명이 모두 교수가 되지는 못해요, 그 중에 5명이 교수가 되면 나머지는 비정규직이나 실업자예

요. 아무리 노력한다고 해도 결국 나머지 95명, 그 나머지 95명이 누가 될지는 모르지만 결국 도태돼요. 제가 신문에서 읽었던 그 불쌍한 연구원처럼 살게 돼요. 전 그것이 두려워요. 정말 끔찍해요. 그래서 전 제가 과연 과학자를 꿈꾸고, 연구하는 직업을 선택해야 하는지 고민스러워요."

대한민국 인재들이 미래를 두려워한다. 그러다보니 과감하게 자신의 꿈을 향해 뛰어들지 못한다. 대한민국 학생 100명에게 물어보면 95명 이상은 돈을 가장 중요하게 여긴다. 겉으로는 취미, 적성, 꿈 등을 말할지도 모른다. 그러나 조금만 깊이 이야기하면 결국 돈이다. 안정적으로 돈을 버는 것이 지상 최대의 목표다. 돈 없으면 얼마나 천대받고 힘겹게 살아가는지 알기 때문이다.

생물학과 화학을 열심히 공부하고 싶어하는 윤철이에게 가장 큰 걱정은 돈이다. 그래서 의사, 변호사, 교사, 공무원 등 소위 늙어 죽을 때까지 안정된 소득을 보장하는 직업을 선택할까 고민한다.

대한민국의 미래? 필자는 정말 암담하다. 자기가 하고 싶은 일에 열정만으로 뛰어들지 못하는 젊은이가 가득한 상황에서 어떻게 희망을 이야기할까? 윤철이 같은 뛰어난 인재들이 안정적인 직장만을 원하는 현실 속에서 대한민국이 과연 발전할 수 있을까?

지금의 나로 살기

"미래를 고민하지 말고, 지금 이 자리에서 네가 할 수 있는 일에 최선을 다해야 하지 않을까?"

명색이 선생인지라 꿈을 포기하라거나 사회가 원래 그러니 안정적인 직장을 생각하라는 말은 할 수 없었다. 그렇다고 네 생각이 백번 생각해도 옳다고 해 주기도 어려웠다. 그것은 좌절감만 더해 줄 뿐이었다. 필자는 조심스럽게 말을 건네야 했다. 윤철이는 많이 화가 나 있었고, 인생 전체에 대해, 사회 전반에 대해 혼란스러워했다.

"최선을 다해 살면 되지 않을까 싶은데."

"물론 저도 최선을 다하고 싶어요. 어차피 전 공부 외에는 할 것이 없으니까. 그렇다고 미래를 고민하지 않을 수는 없잖아요."

"맞아. 미래를 고민하지 말라는 이야기가 아니야. 꿈을 생각하지 말라는 이야기도 아니고. 지금 네게 오늘 가장 가치 있는 일을 하라는 말이야. 후회하지 않을 일, 이 일을 했을 때 네 인생에 가장 보람을 느낄 일을 하면 되지 않을까?"

"알아요. 스티브 잡스가 스탠퍼드대 졸업식에서 그런 취지의 연설을 했죠. 저도 그 연설 내용을 책을 통해 읽고 감명을 받았어요. 그러나 쉽지 않아요. 전 미래를 꿈꾸는 청소년이고, 제 미래를 지금 선택해야 하는 상황이에요.”

스티브 잡스의 스탠포드대 연설문까지 영어로 읽은 윤철이의 방대한 독서량과 박학다식함에 주눅이 들 정도였다.

“그래. 미래가 다가올 줄 알면서 미래를 대비하지 않고, 걱정하지 않는 것은 어쩌면 한 인간으로서 불가능한 일일지도 몰라. 그렇지만 네가 할 수 있는 일은 별로 없어. 지금 할 수 있는 일을 하는 것 외에 너는 선택할 것이 없어. 그러니까 지금 선택할 수 있는 최선의 것을 선택해서 사는 것 외에는 방법이 없다는 거야.”

“그것은 그래요. 결국 선생님은 미래를 걱정하지 말고 지금 제가 좋아하는 생물이나 화학 공부를 열심히 하고, 그 열정을 키워 가라는 말이네요.”

“그것이 네 선택이라면…….”

“그런데 전 그렇게 선택했을 때 불행한 미래가 닥치면 어쩌나 하는 걱정이 너무 커요. 이미 노력만으로 되지 않는다는 것을 알아 버렸으니까요.”

어른들은 거짓말을 한다

윤철이 말에는 고민과 갈등이 짙게 묻어 나왔다. 뭐라고 해야 할지,

어떤 도움말을 해 주어야 할지 막막했다.

"어른들은 꿈을 이루기 위해서는 지금 공부를 열심히 하라고 해요. 틀린 말은 아니에요. 하지만 공부를 한다고해서 다 되는 것은 아니에요. 그러니 거짓말이죠."

"그래 맞아. 흠, 공부와 실제 삶의 관계는 운전면허증과 운전의 관계가 아닐까?"

"운전면허증과 운전이요?"

"그래. 공부를 잘하는 것은 운전면허증을 따는 것과 같아. 어른들은 운전면허증을 따야 운전할 수 있다고 말해. 맞는 말이지. 운전면허증이 없으면 운전을 못하니까. 그러나 운전면허증이 있다고 운전을 할 수 있는 것은 아니야. 운전을 실제로 할 줄 아는 것과 운전면허증을 따는 것은 전혀 다른 차원의 문제야. 어른들은 너희들에게 운전면허증을 따라는 소리만 해. 운전은 연습과 체험을 통해서 배우지. 운전은 경험을 통해서만 자기 것이 되지. 대학을 위한 스펙, 취직을 위한 스펙, 좋은 자격증도 결국은 운전면허증일 뿐이야."

"정말 적절한 비유네요. 전 열심히 공부할 거예요. 이렇게 선생님에게 넋두리를 늘어놓는다고 해서 제가 공부를 포기하지는 않을 거예요."

"나도 알아."

"그런데 답답해요. 미래를 생각할 때마다 미치겠어요. 제가 어딘가에서 읽은 연구원은 바로 핵융합 과학자였어요. 정말 불쌍하더군요. 그는 주위 환경으로 인해 자신이 원하는 연구를 하지 못하고 살아요. 저도 그렇게 될까 봐 두려워요. 열정도 있고, 실력도 있지만 결국 기회를 잡지 못하는 수많은 사람들이 우리 주위에는 많잖아요. 1년에 수천 명의 박사들이 쏟아져 나오는데 그 중 대다수가 실업자거나 비정규직이래요. 제가 그 사람들처럼 될까 봐 두려워요."

필자는 그 순간 윤철이에게 무슨 말을 해 주어야 할지 생각났다. 청소년의 미래에 관해서 막연히 지니고 있던 생각이었는데, 윤철이 말을 들으면서 명확해지는 느낌이 들었다.

"너의 두려움은 무엇이 될까 고민하기 때문이야."

"무엇이 될까 고민하기 때문이라니요?"

"넌 계속 무엇이 될까 고민해. 그것이 되지 않으면 아무것도 아니니까 불안하지. 변호사가 꿈인데 변호사가 되지 못하면 어떻게 해야 할지 두려운거야. 연구원이 꿈인데 연구원이 되지 못하면 너의 꿈은 끝장나는 거지. 넌 실패자가 되고, 꿈은 이루어지지 않아. 너의 두려움은 되지 못하는 것에 대한 두려움이야."

"되지 못하는 것에 대한 두려움이라……."

윤철이는 작은 소리로 중얼거렸다.

“어른들은 네 말처럼 거짓말을 해. 꿈꾸면 이루어진다고. 과연 그럴까? 천만에. 무엇이 될까 백날 노력해도 되지 못하는 사람이 많지. 어른들이 좋다고 생각하는 직업을 갖는 사람은 소수야. 나머지는 절대 되지 못해. 그 나머지가 누가 될지는 모르지만 모든 사람이 자기가 꿈꾸는 사람이 되지 못하는 것은 명확해. 모두가 무엇이 될 것이라고 꿈꾸지만 그 중 90%는 되지 못하지.”

“맞아요. 제 고민이 그거라구요. 그럼 도대체 어떻게 하란 말이에요?”

“무엇이 될까 고민하지 말고, 무엇을 할까 고민하면 길이 열려.”

무엇을 할까를 꿈꾸면 꿈은 이루어진다

윤철이 눈이 반짝 빛났다.

“넌 연구원이 되거나 교수가 돼서 어떻게 살고 싶어?”

“그냥 연구를 하면서 살고 싶어요. 그것이 행복해요.”

“그럼 해. 연구를 하면서 사는 삶은 세상 천지에 널려 있어. 농사를 지으면서도 연구를 하며 살 수 있고, 나무를 보면서도 연구를 하며 살 수 있고, 소를 키우면서도 연구를 하며 살 수 있고, 아파트 경비원을 하면서도 연구를 하며 살 수 있어.”

“물론 그렇죠. 하지만 전 실험실에서 화학과 생물학을 연구하고 싶어
요.”

“연구실에서 안정된 직장을 다니는 것이 네 꿈이야?, 아니면 화학과
생물학을 연구하는 것이 꿈이야?”

“……?”

“누구를 위해, 무엇을 위해 연구를 할 거지?”

“……?”

“변호사가 되려는 꿈을 꾼 사람이 있어. 변호사가 되었어. 꿈을 이루
었어. 그 다음은 뭐지? 꿈은 이미 이루었는데 변호사가 돼서는 뭘 할 거
야? 돈 버는 거? 그것이 다야? 결국 그 사람 꿈은 변호사가 아니라 ‘돈’이
었어. 돈이 꿈인 거지. 변호사가 꿈이었다고? 천만에 그것은 완전 거짓
말이야. 돈을 버는 것이 꿈이었고, 변호사가 그 돈을 버는 데 가장 적절
하다고 생각해서 선택한 것일 뿐이야. 변호사가 된 뒤에 봉사하면 된
다고? 그것은 꿈이라고 부르기에도 초라해. 양심의 가책을 조금이라도
덜기 위한 것뿐이야.”

윤철이는 골똘히 생각에 잠겼다. 필자는 가만히 내버려 두었다. 한
참을 지나도 말이 없기에 다시 말했다.

“변호사를 꿈꾸지 말라는 소리가 아니야. 변호사가 되어 어떻게 살
것인지를 꿈꾸라는 것이지. 변호사가 돼서 돈을 벌 거라면 굳이 변호

   철학은 엄마보다 힘이 쎄다

사가 아니어도 돈을 벌 방법은 많아. 그럼 돈이 꿈인 사람은 그 꿈을 어떤 방식이라도 이룰 수 있어. 절대 못 이룰 꿈이 아니야. 죽어라 노력하면 설마 돈을 못 벌겠어? 변호사가 되어서 가난한 이들을 돕는 것이 꿈이라면 변호사가 꿈인 것이 아니라 가난한 이들을 돕는 것이 꿈인 거야. 그런데 변호사가 안 된다고 해서 가난한 이들을 못 돕지는 않아. 어떤 삶을 살든 남을 도우며 사는 삶은 언제든지 가능해. 어떤 지위, 어떤 조건에서든 가능하지. 넌 연구원이 되고 싶다고 했어. 연구원이 된 뒤에 어떻게 살 건데? 세상에는 전문적인 지식을 필요로 하고, 전문 연구원을 원하는 곳이 너무나 많아. 네가 대학 교수 자리, 유명한 연구소 연구 직원을 꿈꾸는 것이 아니라 연구하는 삶 자체를 꿈꾼다면 길은 수없이 많아."

"제가 정말 안정적인 지위를 꿈꾸는 것인지, 연구하는 삶을 꿈꾸는 것인지 모르겠어요."

"그래. 솔직해서 좋다. 삶은 '되는 것'이 아니라 '하는 것'이야. 넌 100살까지 살 세대야. 100살까지 하나의 직업으로 살까? 그래서 '무엇이 될까?'라는 고민은 네 세대에서는 이미 의미가 없어. 무엇이 될 것인지를 꿈꾸면 소수의 성공과 다수의 실패가 있지만, 어떻게 살 것인지를 꿈꾸면 성공만 있어. 그렇게 살면 되거든."

"그러네요. 진지하게 고민해 볼게요."

꿈이 획일화된 사회는 망한다

꿈이 획일화된 사회는 지옥이다. 방법이 획일화된 사회도 지옥이다. 히틀러의 나치 정권은 꿈을 획일화시키고, 살아가는 방법도 획일화시켰다. 나는 나치를 보면서 우리 사회의 교육이 떠올랐다. 국가를 위해 희생하라고 청소년을 교육시킨 나치나, 돈을 위해 1등을 하라고 몰아붙이는 대한민국이나 똑같은 파시즘이다. 오직 하나의 목표, 하나의 방법만이 인생의 의미라고 가르치는 어른들은 나치즘을 수수방관하고 독일을 히틀러에 맡겨 수백 만 명의 청소년을 죽음으로 내몰고, 수천 만 명의 인류를 죽음에 이르게 한 범죄를 저지르는 토양을 제공한 독일 어른들과 똑같다.

대한민국의 미래는 어떨까?

키에르케고르, 불안은 자유의 가능성

우리 사회는 한마디로 불안한 사회다. 불안을 먹고 자라는 산업이 아주 빠르게 발달하고 있으며, 불안이 사회 전체에 널리 퍼져 있다. 보험은 불안을 먹고 자라는 가장 대표적인 산업이다. 미래에 어떻게 될지 모른다는 불안감이 보험을 찾게 한다. 다칠지 모르고, 아플지 모르고, 실업자가 될지 모르고, 실패할지 모르고, 불이 날지 모르고, 사고가 날지 모르기 때문에 보험을 찾는다. 암에 걸렸는데 제때에 보험을 들어서 큰 도움을 받았다는 이야기라를 듣고 나면 보험은 더욱 절실해진다.

사교육도 불안을 먹고 자라는 산업이다. 성적 경쟁에서 승리하지 못하면 미래에 좋은 직업을 얻지 못할까 봐, 가난하고 천대받는 삶을 살까 봐, 하고 싶은 일을 마음껏 하지 못할까 봐 사교육에 엄청난 투자를 한다. 사교육을 받지 않아도 미래가 불안하지 않다면 굳이 사교육에 그 엄청난 돈을 투자하지는 않을 것이다.

보안 산업은 아예 그 자체가 불안을 먹고 산다. 언제 도난당할지 모른다는 불안감, 언제 범죄에 노출될지도 모른다는 불안감, 언제 테러가 일어날지도 모른다는 두려움이 보안 산업의 규모를 엄청나게 키웠다. 가정에서 흔히 사용하는 정수기도 수돗물을 먹으면 안 될 것 같은 불안감이 반영된 것이다. 유기 농업도 먹거리에 대한 불안감에서 출발했다. 이렇듯 찾아보면 불안을 토대로 하는 산업이 우리 사회 곳곳에 엄청나게 많다는 것을 알 수 있다.

불안 산업이 날이 갈수록 발전하는 이유는 사회 전체에 불안이 넘쳐나기 때문이다. 먹고 사는 문제는 늘 불안의 원천이다. 오늘 아무리 잘 먹고 잘 살아도 내일 어떻게 될지 아무도 모르기 때문이다. 수백 만 명에 이르는 비정규직은 언제라도 실업자가 될 수 있고, 자영업자들 또한 언제든지 망할 수 있다는 불안에 시달린다. 안정된 직장을 다니는 이들도 언제든지 어려움에 빠질 수 있다는 두려움을 안고 산다. 부모들은 자식들이 혹시 사고라도 당하면 어떡하나 하는 불안감에 시달리고, 가족 중 누가 큰 병에라도 걸리면 어떡하나 걱정하고, 일본 대지진과 원전 사고를 보면서 우리도 이런 일을 당할까 봐 걱정한다. 그만큼 미래는 정해져 있지 않고 불확실성은 사람들에게 스트레스를 준다. 불안이 심해지면 불안 장애와 같은 정신 질환을 겪기도 한다.

내일 일은 내일 걱정하라

마태복음 6장을 보면 예수님이 불안에 대해 하신 말씀이 나온다. 예수님은 목숨을 부지하기 위하여 무엇을 먹을지, 무엇을 마실지, 무엇을 입을지를 염려하지 말라고 하신다. 세상 모든 목숨은 하나님께서 다 길러 주시고 돌봐 주시기 때문이다. 따라서 먹을 것을 염려하지 말고 의로움을 구하라고 하셨다. 의로움을 실천하면 하나님이 자연스레 먹고 사는 문제를 해결해 주신다는 것이다. 예수님은 내일 일은 내일 염려하고 오늘을 충실히 살라고 말씀하신다.

하나님이 모든 것을 돌봐 주시므로 먹고 사는 문제를 걱정할 것이 아니라 의로움을 행하라는 말씀은 참 좋은 말이기는 하지만 선뜻 실천하기가 어렵다. 미래에 대한 불안감이 그만큼 우리를 짓누르고 있기 때문이다. 그래서 조선시대 방랑 시인 김삿갓은 '백년도 못 사는 사람들이 천년의 근심을 안고 산다'면서 사람들을 비웃지 않았는가?

불안이 없으면 자유도 없다

키에르케고르는 불안을 다른 측면에서 바라본다. 불안은 인간에게 부정적인 것이 아니라 인간을 자유롭게 하는 것이며, 인간의 특징이라는 것이다. 키에르케고르는 이를 '불안은 자유의 가능성이다'라는 말로 정의한다. 불안은 불확실한 미래에서 온다. 미래가 확실하다면 우리가 불안을 느낄 이유가 없다. 정해져 있지 않은 미래가 불안의 원천이다. 그런데 역으로 미래가 정해져 있다면 어떨까? 아무런 변화도 없고, 아무런 가능성도 없는 삶이 될 것이다. 무언가를 할 의지가 사라질 것이다. 미래가 정해져 있지 않다는 것은 불안의 원천이기도 하지만, 새로운 가능성의 원천이기도 하다.

변화의 가능성이 없는 삶은 죽은 삶이다. 내일이 이미 확실하게 정해져 있는 사람은 오직 죽은 자밖에 없다. 미래가 불안하기에 우리는 자유롭다. 정해져 있지 않기 때문에 선택할 수 있고, 자유로운 삶이 가능한 것이다. 인간이 소중하게 여기는 자유, 인간 존엄성의 기본인 자유는 역설적이게도 불안을 근거로 한다. 불완전하기에 인간은 자유롭고, 그래서 인간은 행복할 수 있다.

저는 복수하기 위해 공부를 합니다

"초등학교 때였죠. 성환이란 녀석이 어떤 게임을 본떠서 이상한 조직을 하나 만들었어요. 그리고는 저를 괴롭혔죠. 어느 날 참다못해서 성환이를 확 밀쳐서 넘어뜨렸는데, 주변에 있던 아이들이 한꺼번에 달려들어서 저를 공격했죠. 정말 엄청나게 맞았어요. 그 뒤로도 성환이는 계속 저를 괴롭혔어요."

현식이는 얼굴이 점점 붉어졌다. 지금 고등학생인데 초등학교 때 입은 상처가 아물지 못한 모양이다.

"어느 날 성환이가 자기 조직에서 가장 약한 아이를 시켜 절 때리게

했어요. 그 아이가 저를 이유 없이 때렸죠. 저는 일이 커지면 교무실에 끌려갈 것 같아서 그냥 맞았어요. 저는 비웃는 표정을 지으면서 맞았어요. 그랬더니 그 아이가 울음을 터트렸어요. 그러더니 대걸레 자루를 부러뜨린 뒤에 저를 또 때렸어요. 전 그 순간에도 비웃으며 그냥 맞았죠. 그 아이는 계속 울면서 저를 때렸고, 저는 참다못해 의자를 들어서 방어를 했죠. 더 웃긴 것은 그 아이는 영웅 대접을 받고, 저는 멍청한 놈이라고 놀림을 받은 거예요." 현식이는 그 후로도 성환이를 비롯한 몇몇 친구들에게 괴롭힘을 당하면서도 꿋꿋하게 살았다.

스트레스와 감정 폭발

현식이는 책을 많이 읽었다. 그래서 그런지 머리를 많이 쓴다. 이것이 현식이의 장점이다. 그러나 현식이는 머리를 너무 쓰는 바람에 감정이 일어나는 순간에도 머리를 쓴다. 감정에 충실해야 하는 순간에도 감정을 이성으로 억누른다. 사람은 감정으로 행동할 때가 있고, 이성으로 행동할 때도 있다. 현식이는 그렇지 못하다. 늘 이성적으로 생각하고, 머리로 모든 것을 판단한다.

"솔직히 저도 참아서 얻은 것이 무엇인지 고민스러워요."

현식이의 얼굴이 어둡다.

  철학은 엄마보다 힘이 쎄다

“내가 그랬잖아. 왜 참느냐고? 그냥 확 달려들어.”

현식이 친구 선규가 답답하다는 듯이 말했다. 선규는 현식이 옆에서 현식이를 계속 지켜보고, 지지해 주는 든든한 친구다. 현식이가 하는 행동을 계속 옆에서 지켜보면서 답답함을 많이 느낀다고 했다. 선규는 현식이와 달리 자기감정에 충실한 편이다. 화가 나면 화를 내고, 성질이 나면 바로 성질을 낸다. 그렇다고 아주 막무가내로 감정을 표현하는 것은 아니다. 필요할 때 필요한 감정을 분출할 줄 아는 것이다.

“도대체 너는 그 스트레스를 어떻게 푸니? 나는 그런 스트레스 받고는 도저히 못 살 것 같은데.”

필자가 물었다.

“저도 그래요. 그래서 저도 상상 속에서는 남을 공격해요.”

“어떻게?”

“한번은 화가 정말 머리끝까지 치솟은 적이 있었는데 그때 이불 전체를 뜯어 버린 적도 있어요. 베개를 치기도 하고 심하면 갈가리 찢어 버려요. 밖에 들리지 않게 욕도 많이 해요.”

현식이가 자기의 스트레스 푸는 방법에 대해 말하는데 선규가 끼어들었다.

“야, 베개랑 이불을 치면 스트레스가 풀리냐? 나는 예전에 정말 화가 날 때 유리를 깬 적도 있어. 무언가 쾅 소리가 나고 부서지는 느낌이 들어야 스트레스가 풀리지. 그리고 가끔은 동생을 괴롭히기도 해. 스트레스가 심하면 동생한테 심한 욕도 하고. 물론 부모님 모르게.”

“선규는 크게 스트레스를 안 받는다고 생각했는데 의외로 스트레스 많이 받는구나?”

“에이, 선생님도. 대한민국 학생 중에서 스트레스 안 받는 학생이 어디 있어요?”

선규 말이 맞다. 밤낮없이 공부하는데 스트레스 안 받고 살면 이상하다.

“현식이 말을 듣고 생각난 것인데요, 저도 저를 날마다 괴롭히는 녀석이 있었거든요. 그러지 말라고 했는데 계속 저를 때리고, 괴롭히는 거예요. 그래서 어느 날 작정을 하고 준비를 했죠. 한 번만 더 괴롭히면 가만두지 않겠다. 그런데 또 괴롭히는 거예요. 그땐 정말 눈에서 불이 났죠. 그래서 인정사정없이 때렸어요. 그러고 났더니 다시는 안 그러더라고요.”

선규는 현식이를 보았다.

“그러니까 내가 그랬잖아. 인정사정없이 달려들라고. 그럼 다시는 안 그래. 그 아이들이 싸움을 잘하는 줄 아냐?”

감정을 억누르면

"나라고 안 그러고 싶냐. 날 괴롭히는 놈들이 혼자면 나도 해. 그런 데 몇 명이나 되잖아. 한 놈을 때리면 여러 명이 달려들어. 그러니 어떻게 하냐."

"그렇기는 하다."

내가 고개를 끄덕이며 말했다.

"솔직히 저를 괴롭히는 녀석들도 스트레스 많이 받아서 저한테 푸는 거잖아요. 오죽했으면 그렇게 하겠나 싶어요."

"참 마음도 넓다."

선규는 계속 답답해했다.

선규가 빈정거리듯 말하기는 했지만 사실 현식이 말이 맞다. 학교에서 성적에 짓눌려 사는 거의 모든 청소년들이 부담감을 안고 산다. 스트레스를 많이 받고 산다. 그런데 문제는 스트레스를 해소할 방법이 없다는 것이다. 신나게 놀기라도 하면 스트레스가 해소될 텐데 그러지도 못한다. 학생들이 게임에 빠지는 이유 중 하나다. 게임은 짧은 시간 동안 평소에 쌓인 스트레스를 푸는 좋은 방법이다.

물론 게임으로 모든 스트레스가 풀리지는 않는다. 그러니 그 부정적인 감정과 스트레스가 다 어디로 가겠는가? 폭력으로, 가학으로, 복수심으로 터져 나온다.

"현식아, 내가 걱정하는 것은 네가 네 안에 쌓인 부정적인 감정을 풀지 않고 그대로 내버려 두는 거야."

"저도 베개를 치고, 찢기도 해요."

"그런다고 스트레스가 풀려?"

현식이는 대답 대신 고개를 가로 저었다.

"그래, 그 정도로 풀릴 감정이 아니지. 넌 초등학교뿐만 아니라 중학교 때도 화를 제대로 내지 않고 살았을 거야. 화가 나는 순간에도 머리를 쓰겠지. 여기서 화를 내면 어떻게 될까? 혹시 교무실에 불려가지 않을까? 부모님 귀에 들어가서 더 큰 문제가 되는 것은 아닐까? 등 그런 생각을 하느라 솟아오르는 분노를 그대로 삼켜 버리지."

"맞아요."

"그렇게 머리로 감정을 누르면 그 감정이 사라질까?"

"아뇨. 화는 그대로죠. 다만 절제하는 것뿐이에요."

"좋은 말로 하면 절제지만, 사실은 감정을 속이는 거야. 너의 감정을 병들게 하는 거지."

현식이는 고개를 떨구고 바닥만 쳐다보았다.

"지금 풀지 않은 감정은 언젠가 다른 곳으로 터져 나오게 되어 있어. 내가 보기에 너의 분노와 화, 억눌림은 어른이 되어서 터져 나올 거야.

네가 힘없는 존재에서 벗어나 아주 힘이 막강해졌을 때, 아마 그때 너보다 약한 사람들을 향해 네가 지닌 힘을 마구잡이로 휘두르게 될 거야."

"전 복수할 거예요. 저를 괴롭힌 나쁜 놈들한테 철저하게 복수를 할 거에요. 그래서 지금 열심히 공부하는 거예요."

일그러진 복수심

현식이가 고개를 빳빳이 들었다. 목소리도 커졌다.

"전 정말 공부를 잘할 거에요. 그래서 권력과 부를 움켜쥘 거예요. 그러면 감히 저를 괴롭히지 못할 거예요. 지금은 힘 센 놈들이 이기지만, 어른이 되면 실력과 부와 권력이 이기죠. 전 그 힘을 쥘 거고, 그 힘을 나쁜 놈들에게 휘두를 거예요."

안쓰러웠다. 난 현식이가 지난 그 깊은 분노와 한이 느껴져 가슴이 아팠다.

"네 말이 무섭다. 그리고 참 가슴 아프다. 그런데 현식아. 만약 네가 권력과 부를 잡지 못하면 어떻게 할 거니? 만약 권력과 부를 네가 원하는 만큼 쥐지 못했을 때는 어떻게 할 거야?"

"반드시 해야죠."

“그래, 선생님도 네가 목표한 바를 이루길 바라. 그리고 네가 권력과 부를 잡았다고 해서 마구잡이로 복수를 할 거라고 믿지는 않아. 넌 그래도 양심이 살아 있는 녀석이니까. 걱정인 것은 너처럼 속으로 분노와 화를 쌓아가는 청소년들이 나중에 잔인한 범죄로 자신의 복수심을 표출하는 거야. 연쇄 살인범이나 범죄자들은 이러한 과정을 거쳐 탄생하지. 네가 그렇게 된다는 것이 아니라 그런 경우가 많다는 거지. 잔혹한 범죄자들을 보면 어린 시절 쌓인 분노와 좌절이 뿌리 깊어. 그런데 꼭 그런 사람들이 범죄를 저지를 때 자기보다 약한 어린이나 여성을 대상으로 한단다. 정작 자신을 괴롭혔던 힘 있는 자와 비슷한 대상인 권력자와 부자들에게는 범죄를 저지르지 못해. 어른이 돼서 범죄를 저지르는 순간에도 강자에게 대들 용기가 없는 거지. 그런 사람들은 권력을 장악하게 되면 자신이 지닌 힘을 약하고 가난한 사람에게 마구 휘두르게 되지. 결국 자신보다 약한 자를 자신이 지닌 힘으로 억누르고 폭력을 행사한다는 점에서 연쇄살인범이나, 권력을 이용한 범죄나 똑같은 거야.”

“선생님 말에 동의해요. 그렇지만 전 나쁜 놈들에게 제 힘을 쓸 거예요.”

“나도 그러면 좋겠다. 그런데 그 나쁜 놈이 너보다 힘이 강하면? 너보다 부유하면? 과연 네가 그 사람들에게 네가 지닌 힘을 쓸 수 있을까?"

현식이 표정이 급격하게 어두워졌다.

"넌 지금도 너보다 강한 사람에게 대들지 못해. 지금 못하면 나중에도 못해. 결국 너보다 약한 사람을 향해 너의 힘을 쓸 수도 있지. 그 대상이 나쁜 사람이라면 그나마 다행이지만, 그러지 않을 가능성도 충분히 있어. 그냥 네가 힘이 세다는 이유만으로, 너보다 힘이 약한 사람을 부당하게 대할 가능성이 높아."

"전 안 그럴 거예요."

"뭘 안 그런다는 거야? 강한 사람에게 대든다고?"

"아니요. 힘 약한 사람들 무조건 괴롭히는 거, 안 할 거라고요."

"나도 그러리라 믿지만, 걱정이 되는 것은 어쩔 수 없어. 강자에게 약하고 약자에게 강한 사람들이 대부분 그러니까."

현식이는 다시 고개를 숙였다.

꿈이 정의로울 수는 없을까

"네가 공부 열심히 하는 이유가 조금 더 정의로울 수는 없을까?"

현식이가 고개를 들었다.

"정의요?"

“그래. 정의로운 꿈.”

“전 복수하는 것이 정의라고 생각해요.”

“그럴 수도 있지. 그리고 너처럼 힘이 없어서 당하는 사람들을 도와주는 사람이 되겠다는 꿈을 꿀 수도 있잖아.”

“선생님이 생각하는 정의는 결국 힘없고 가난한 사람을 도와주는 것이로군요.”

“뻔한 이야기이기는 하지.”

“그래요. 교과서와 어른들이 맨날 하는 입에 발린 소리죠.”

“정의가 무엇일까?”

“유명한 책이 있죠.”

“그래 나도 알아. 읽었는데 조금 어렵더라. 그런데 난 정의가 무엇인지 나름대로 생각이 있어.”

“선생님이 생각하는 정의는 무엇인데요?”

“나와 아무 상관없는 사람에게, 그 사람을 위해 무엇인가를 해 주어도 나에게는 아무런 보상도 혜택도 없는 사람에게, 오직 그 사람에 대한 연민으로 그 사람을 도와주기 위해 무언가를 하는 것이라고 생각해.”

“예를 들면?”

“시골에 가면 인심 좋은 할머니들이 그냥 지나가는 사람을 보고 ‘어

유, 배고프겠네. 이거라도
잡수쇼'하면서 과자
나 과일을 주시
지. 바로 그것
이 정의야.
아무런 보상도
바라지 않고 그저
연민으로, 걱정으
로 도움을 주는 행
위, 난 그것이 진짜
정의라고 생각해.”

　“맞는 말이네요.”

　“네 꿈이 그럴 수는 없겠니? 네가 힘과 부를 원하는 이유가 진정한
정의를 실현하기 위해서라면 안 되겠니? 너와 같은 억울한 사람을 위
해 네가 지닌 작은 힘과 부를 나눠 줄 수 있는 사람이 되는 것이 너의
꿈이라면, 네가 당했던 억울한 일이 그저 억울하고 화날 일만으로 너
에게 기억되지는 않을 거야.”

　현식이 마음에 파도가 치는 것이 느껴졌다. 저 파도가 건강한 결과
로 이어지기를 마음속으로 간절히 기도했다.

정약용, 복수는 무죄다

억울한 일을 당하면 가만히 못 넘어가는 것이 인간이다. 누가 나를 때리면 그만큼 때려 줘야 하고, 누가 나에게 욕을 하면 나도 그만큼 해야 직성이 풀린다. 대부분의 사람들이 거창한 법 이론을 들먹이지 않더라도 '이에는 이, 눈에는 눈'으로 복수를 하는 것이 당연하다는 생각을 한다.

이처럼 당연해 보이는 복수의 원칙이 서양에서는 금지되었다. 복수는 개인이 아니라 신의 권능을 지닌 자의 몫이었다. 신의 권능을 부여받은 권력자와 종교인들만이 잘못에 대한 처벌 권한을 지녔다. 그러한

철학은 엄마보다 힘이 쎄다

정신은 오늘날까지 그대로 이어져서 개인 간의 복수는 금지되고, 모든 형벌은 국가 기구가 담당한다. 아무리 심한 잘못을 하고, 죄를 지었어도 나쁜 짓에 대한 복수는 오직 국가만이 할 수 있다는 것이 현대 국가의 법 원리다. 복수가 금지되었다고 해서 서양에서 개인적인 복수가 없었던 것은 아니다. 강력한 국가가 존재했을 때는 개인의 복수가 금지되었지만, 국가가 약한 시기에는 개인 간의 복수가 빈번하게 발생하기도 했다.

복수는 정당한가?

서양이 원칙적으로 복수를 인정하지 않았던 데 비해 유교가 지배한 동양에서는 복수가 인정되었다. 유교에서는 복수, 특히 살해 당한 가족의 죽음에 대해 앙갚음을 하는 것은 정당하다고 보는데, 이는 많은 사람들의 법 감정과 일치한다. 그렇지만 이렇게 개인적인 복수를 인정해 줄 경우 사회는 혼란스러워질 것이다. 국가 공권력이 확립된 사회에서 개인의 복수를 금지시키는 것은 사회 혼란을 막기 위해서다. 국가의 안정과 유교의 원칙 사이에서 발생하는 모순 때문에 유교 사회에서는 개인의 복수를 어떻게 처리할 것인지를 두고 여러 의견으로 나뉘었다.

❶ 복수는 유죄 : 복수도 살인이므로 당연히 유죄다.

❷ 한정적 무죄 : 국가 권력이 미치지 못하는 한도 내에서만 복수는 정당하다.

❸ 개별적 판단 : 일률적으로 정하지 않고 사정에 따라서 다르게 대처한다.

❹ 정상 참작 : 처벌은 하되 복수의 정당성을 고려하여 사형은 면해 준다.

❺ 복수는 무죄 : 정당한 복수는 무죄다.

정약용은 정당한 복수는 인정해야 한다고 보았다. 정약용은 '정당한 복수는 국가와 유족의 의무'라고 여겼다. 그래서 중한 죄를 지은 자를 국가가 체포하기 전에 유족이 먼저 복수를 했다면 국가가 복수한 자에게 죄를 묻지 말아야 한다고 했다. 정약용은 국가가 범죄자를 처벌하는 것은 피해를 당한 가족을 대신해서 복수를 하는 것이라고 생각했다. 따라서 국가가 처벌하기 전에 마땅히 처벌할 사람에 대해 복수를 했다면 정당한 행위라고 보았다. 물론 정당성이 없는 복수라면 그에 맞게 국가가 처벌을 하면 되는 것이다.

정약용의 의견에서 가장 흥미로운 점은 '국가는 가족을 대신해서 복수한다'는 원리다. 국가 공권력의 처벌권이 사회 안정이나 신에게서 부여받은 권한이 아니라 가족의 정당한 복수심에서 발생한다고 본 것

철학은 엄마보다 힘이 쎄다

이다. 정약용의 이러한 논리가 타당한지는 한 번쯤 깊이 생각해 볼 일
이다.

달걀은 달걀로 갚으렴

　정약용은 복수의 정당성을 가장 중요하게 여겼다. 복수할 만한 일에
대해서는 받은 만큼 돌려주는 것이 가장 옳다고 여겼다. 이와 같은 논
리는 구약성경에도 나온다.

**"목숨을 앗았다면 제 목숨을 갚아야 한다. 눈은 눈으로, 이는 이로, 손은 손으
로, 발은 발로, 화상은 화상으로, 상처는 상처로, 멍은 멍으로 갚아야 한다."**

– 출애굽기

　청소년들을 만나보면 복수심으로 행동하는 경우가 많다. 남이 때리
면 자기도 때리려고 하고, 남이 나에게 모욕을 주면 반드시 앙갚음을
해 주려고 한다. 형제들 사이에서도 마찬가지다. 형제 중 하나가 자기
를 건드리면 어떻게 해서든 화난 감정을 풀려고 한다. 그런데 복수의
정당성 여부를 떠나서, 대부분의 청소년들이 복수를 할 때 받은 만큼
돌려주는 방식이 아니라 받은 것보다 더 크게 돌려주려고 한다. 남이

나를 한 대 때리면 나도 한 대 때리면 되고, 나에게 욕을 하면 딱 그만큼 욕을 하면 될 일인데 말이다. 화가 난 것은 이 사람인데 엉뚱하게 다른 사람에게 가서 화풀이를 하는 경우도 많다. 종로에서 뺨맞고 한강에서 화풀이하는 꼴이다.

신약성경을 보면 예수님은 오른뺨을 때리면 왼뺨을 내밀고, 원수를 사랑하라고 말했다. 그 정도 경지에는 이르지는 못하더라도, 정약용의 주장처럼 복수는 정당한 이유가 있을 때 받은 만큼만 돌려주어야 한다. 『달걀은 달걀로 갚으렴』(박완서)에서 선생님은 도시에 대한 끝없는 복수심에 불타는 한뫼에게 '달걀은 달걀로 갚아야 한다'고 권한다. 억울한 일을 많이 당하는 요즘 청소년들이 꼭 새겨들어야 할 원칙이 아닌가 싶다.

철학은 엄마보다 힘이 쎄다

완벽한 미래 설계

정민이는 이과와 문과 사이에서 고민을 했다. 과학과 수학을 좋아하고, 책읽기도 좋아한다. 철학과 사회 쪽에도 관심이 많다.

"얼마 전에 담임 선생님이 말씀하시는데 어느 회사에 취직하면 연봉이 8,000만 원이라는 거예요. 그 말을 듣고 나니 그곳을 목표로 공부하고 싶더라고요."

"연봉 8,000만 원?"

"네. 아무튼 그래서 한동안 관심이 그 회사에 쏠려 있었는데 며칠 진에 선배들이 와서는 증권 쪽에서 일하면 연봉 1억 원은 버는데, 그 쪽에서는 수학이나 물리학 전공자들을 선호한다는 거예요. 그러니까 또 마음이 바뀌고."

"이번에는 1억 원?"

"말을 들을 때마다 진로가 왔다 갔다 해서 고민이에요. 솔직히 전 법이 바로 서는 사회를 만들고 싶은 꿈도 있거든요. 검찰총장이 돼서 세상을 변화시켜 보겠다는 원대한 꿈이 있어요."

"그거 멋지네."

정민이는 공부를 잘한다. 공부를 잘하니 이런저런 꿈도 참 많고, 거창하다. 실현 불가능하다는 느낌도 안 든다. 이룰 것 같다.

꿈꾸는 돈의 크기

재미있는 것은 담임 선생님과 선배들이 와서 해 주었다는 충고와 조언이었다. 전부 '돈'이다. 전부 직업의 가치를 돈으로 평가했다. 사실 공공연한 현실이니까 뭐라고 비판할 마음은 없다. 그런데 돈 규모가 '겨우 그 정도' 수준이다.

"야. 그런데 기껏 꿈꾸는 것이 연봉 8,000만 원에서 1억 원이냐?"

"그 정도면 많죠."

"돈 많이 벌고 싶다면서?"

“네!”

“8,000만 원, 1억 원이 많은 돈이야?”

“……?”

“야, 이왕 돈 버는 꿈을 꾸려면 거대하게 꿔야지. 연봉 1억 원이 아니라 월 1억, 아니 연 100억은 벌겠다는 꿈 정도는 꿔야지. 돈을 버는 것이 그렇게 중요하다면서 그 정도도 꿈꾸지 않고 뭐하자는 거야. 쫀쫀하게.”

정민이는 잠깐 동안 어안이 벙벙한 듯했다. 그러다 정신을 차리고는 말했다.

“그러네요. 그 정도 돈을 못 벌 일도 아니죠.”

“그래 맞아. 그 정도 꿈을 꾸고 살아야 돈을 목표로 한 인생이 의미가 있지.”

“화끈하게.”

“그래, 화끈하게. 쫀쫀하게 밥 굶지 않겠다는 꿈에 머물지 말고, 그 정도 돈 벌어야 그 돈을 세상을 위해 쓰지 않겠어?”

돈을 번 뒤에 돕겠다는 마음

그런 다음, 돈을 아주 많이 번 뒤에 사회에 이익이 되는 기업을 설립

하고, 시민 단체를 지원하는 일을 벌이는 성공한 사람들의 사례를 들려주었다. 정민이는 필자가 말하는 사람을 모두 머리에 담아 두려는 듯 필자의 말에 집중했다.

"제가 원하는 것이 바로 그거예요."

정민이는 맞장구를 치며 신나게 말했다.

맞다. 청소년들은 세상에 도움이 되기를 원한다. 무언가 바른 일, 의미 있는 일을 하고 싶어 한다. 그러면서도 경제적인 안정을 원한다. 경제적 안정 뒤에 세상을 위해 일하려고 한다. 세상을 위해 일하는 것 자체가 목적인지는 분명하지 않다. 그만큼 미래가 불안하다는 뜻이다. 기성세대도 미래가 불안하기는 마찬가지다. 언제 잘릴지 모르고, 언제 무너질지 모르는 지위 때문에 늘 고민이다. 그래서 의미 있는 일, 가치 있는 일은 영원히 뒤로 미뤄진다. 기껏해야 조금 나누는 일로 위안을 삼는다. '난 가난한 사람을 위해 기부했어. 따라서 나는 할 만큼 한 거야' 하고 스스로 위안을 한다.

돈이 목표라면 큰 부자를 꿈꿔라

필자는 청소년들에게 돈을 버는 꿈보다는 남을 돕고, 세상에 무언가 의미 있는 일을 하는 꿈을 꾸라고 강요하듯 말하지 않는다. 돈을 버는 꿈도 충분히 존중하기 때문이다. 돈을 벌겠다는 꿈, 경제적 안정을 꿈꾸는 아이들의 처지를 이해한다. 세상이 그러한데 아이들만 변하라고 할 수는 없다. 필자조차 거기서 자유롭지 못한 사람이기에……

"돈을 꿈꾸면 완벽한 부자가 돼. 아주 큰 부자를 꿈 꿔. 쫀쫀하게 부동산 투기하고, 재테크로 돈 불리는 일 따위는 하지 말고 크게 성공해. 크게 성공해서 정말 크게 세상을 위해 돈을 써."

"그래야죠. 전 1년에 한 100억 원, 아니 1,000억 원씩 10년만 벌 거예요. 그리고 세상을 위한, 삶을 위한 발명을 하는 연구소를 만들 거예요. 연구실이 없어서 일자리를 찾지 못하는 유능한 연구원들을 많이 고용해서 그들이 마음껏 연구에 집중할 수 있도록 할 거예요. 국민의 삶에 진짜 도움이 되는 생활과학연구소! 이름도 좋네요. 후원자도 많이 끌어들여야죠. 생활과학연구소에서 발명한 제품이 국민들에게 큰 도움을 주면 국민들도 좋고, 과학자도 좋고, 그 돈으로 연구소 운영비도 충당하고, 그럼 후원금은 더 많이 들어올 것이고."

"좋네."

"멋지죠?"

"응, 그런데 거기서 끝낼 거야?"

"네?"

"넌 더 살기 좋은 세상, 정의로운 세상을 만들고 싶다면서? 그래서

검찰총장을 꿈꾸기도 하고."

"그렇죠."

"검찰총장은 권력의 눈치를 많이 봐. 진짜 힘 있는 것은 정치인이지. 그러니까 네가 연구소를 운영한 명성을 바탕으로 해서 정치를 해. 국민들을 위한 멋진 정치를 하는 거야. 최소한 국회의원은 하고, 나아가 과학기술부장관도 좋지. 뭐 더 큰 자리에 오르는 꿈은 왜 못 꾸겠어?"

"와. 상상만 해도 좋네요. 하지만 마지막은 좀……."

"좋아. 그럼 과학기술부장관까지."

"완벽하네요."

"맞아."

"이과, 문과도 고민할 필요없네요."

"그래, 넌 일단 이과를 선택했어. 그 길로 일단 나가. 그래서 좋은 대학에 꼭 가. 우리 사회에서는 좋은 대학 출신이라는 간판이 필요해. 그리고 대학원을 경제 쪽으로 선택해. 네가 대학에서 배운 지식이 훌륭

한 바탕이 될 거야. 그리고 돈을 벌어. 어때? 그 뒤는 일사천리, 완벽하
지?"

"공부를 해야겠어요. 아주 열심히."

"좋은 생각!"

꿈은 완벽해야 한다. 이것도 저것도 아닌 꿈은 꿈이 아니다. 멋진 미
래를 설계하라. 가슴 뛰게 멋진 꿈을 꾸어라. 안 된다고 미리 겁먹을 것
은 없다. 고통이 고통으로만 다가오면 너무 힘들지 않겠는가? 찬란한
미래를 꿈꾸며 행복한 기분이 든다면 그것으로 족하다.

사마천, 부자가 되는 법은 다양하다

모두들 돈을 많이 벌고 싶어한다. 빌게이츠나 워런버핏 정도는 아니라도 정말 많은 돈을 벌어서 떵떵거리며 살고 싶은 것이 사람의 욕심이다. 부를 갈망하는 마음은 예전이나 지금이나 마찬가지다. 사마천의 『사기』 '열전'편 중 '화식열전'에는 많은 돈을 벌어 부유하게 된 사람들의 이야기가 나온다.

부는 본성이요 경제는 자연스럽게 흐른다

사마천은 '화식열전'에서 '부(富)는 인간의 본성'이라고 지적했다. 농사를 짓는 것도, 벼슬을 하는 것도, 병사가 전쟁에서 공을 세우려는 것도, 도둑질을 하는 것도, 미녀들이 화장을 하고 노래를 부르는 것도 모두 부자가 되고 싶기 때문이라고 했다. 부자가 되고 싶은 마음은 누가 가르쳐 주지 않아도 저절로 생기는 것이기 때문에 부자가 되려는 마음은 인간의 본성이라는 것이다.

'화식열전'에는 태사공이 한 말이 실려 있는데, 읽어 보면 '보이지 않는 손'을 주장한 애덤 스미스의 국부론을 읽는 듯한 착각이 들 정도다.

> 농부는 농사를 짓고, 어부와 사냥꾼은 육식을 공급하고, 기술자는 물건을 만들고, 장사꾼은 이를 바탕으로 장사를 한다. 이러한 일은 특별히 정해져서가 아니라 자연스럽게 이루어진다. 물이 높은 곳에서 낮은 곳으로 흐르는 것처럼 물건은 저절로 모여들고, 구하지 않아도 백성들은 자연스럽게 물건을 만든다. 물건 값이 싸면 장차 비싸지며, 값이 비싸면 장차 값이 내려간다. 이것이야말로 가장 자연스러운 법칙이다.
>
> — 「사기」, '화식열전' 중에서

애덤 스미스는 국부론에서 빵집 주인이 빵을 만드는 것은 다른 사람을 배불리 먹이겠다는 이타심이 아니라, 돈을 벌겠다는 이기심 때문이라고 하였다. 농부, 어부, 사냥꾼, 장사꾼 등이 일을 하는 이유도 이와 마찬가지다. 그들이 이기심에서 일을 하다 보면 세상에 필요한 물건이 자연스럽게 만들어지고, 만들어진 물건은 물이 아래로 흐르듯 유통되기 마련이다. 그리고 그 가격은 수요와 공급에 따라 가격이 높으면 물건이 많이 공급되어 장차 가격이 내려가고, 가격이 싸면 공급이 줄어 장차 가격이 오른다. 이것이 바로 애덤 스미스가 말한 '보이지 않는 손'이다. 이미 2,000년 전에 태사공과 사마천은 자본주의의 기본 원리, 세상이 돌아가는 원리를 알고 있었으니 참으로 놀라운 일이다.

부자가 되는 방법

예전부터 부자가 되는 사람들의 비밀이 무엇인지 궁금해 하는 사람이 정말 많았다. 오늘날에도 서점에서 가장 많이 팔리는 책의 종류가 부자가 되는 비결을 담은 자기계발서인 이유는 인간의 본성이 부를 꿈꾸기 때문이다. 부자가 되는 법, 어떤 사람이 부자가 되는가에 대해서는 '화식열전'에서도 자세히 다루고 있는데, 부자가 되고 싶은 청소년이 많을 것이므로 여기에 그 일부를 소개한다.

아껴 쓰고 부지런한 것은 바른 방법이다. 그러나 부자는 단순히 부지런해서 그렇게 된 것이 아니다. 부자는 사물의 이치를 헤아려 현명하게 행동했고, 세상의 변화를 잘 읽어서 이익을 얻었다. 어떤 사람은 사람을 과감하게 믿어서 돈을 벌고, 어떤 사람은 남들이 쳐다보지 않는 것을 귀히 여겨 돈을 벌고, 또 어떤 사람은 남들이 금은보화를 노릴 때 곡식의 씨앗을 지켜 돈을 벌었다. 무덤을 이용해 부자가 되기도 하고, 떠돌이 장사꾼으로 부자가 되기고 하고, 술장사로 부자가 되기도 하며, 의술로 부자가 되기도 하고, 고기를 말려 팔아서 부자가 되기도 하고, 칼을 잘 갈아서 부자가 되기도 했다. 모두 한 가지 일에 온 힘을 기울여 정성을 기울인 결과다. 이처럼 부유해지는 데는 정해진 직업이 없고, 재물은 정해진 주인이 없다. 능력 있는 사람에게는 재물이 모이고, 능력이 없는 사람에게는 그나마 있던 재산도 사라진다.

- 『사기』, '화식열전' 중에서

사마천은 오랫 동안 부자가 된 사람들을 다양하게 살핀 뒤 부자가 되는 직업은 특별히 정해져 있지 않다는 점을 밝혔다. 다만 부자가 되는 사람은 한 가지 일에 온 힘을 기울였으며, 자기가 하는 분야에서 남과 다른 탁월한 방법으로 재물을 얻었다는 것이다. 부자가 되기를 꿈꾸는 청소년들이 눈여겨볼 대목이다.

부자가 되는 자기만의 길

많은 청소년들이 부자가 되는 다양한 방법이 있음에도, 부자가 되는 직업이 얼마 되지 않는다고 착각한다. 이에 해당하는 직업을 가져야만 부자가 되어 떵떵거리며 살 수 있으리라 믿는다. 그러나 그것은 이미 앞선 세대의 사람들이 찾았던 길일뿐이다. 미래에도 그 직업이 돈을 많이 벌거나, 부유하게 만들어 줄 것이라는 착각은 버려야 한다. 어떤 특정한 직업만을 바라보고 그것을 통해 부자가 되기를 바라면, 그 직업을 가지지 못했을 경우, 부자도 되지 못한다.

사마천의 말처럼 부자가 되는 직업은 정해진 바가 없다. 그러므로 각자 자신이 타고난 재주를 최선을 다해 계발하고, 세상이 어떻게 돌아가는지 파악하여, 남과 다른 방법이 무엇인지 고민하는 것이 우선이다. 그리하면 돈은 저절로 들어오기 마련이다. 돈을 버는 길에서도 남의 길이 아니라 자기 길을 찾아야 한다.

원하는 사람은 할 수 있다. 그러나 원하지 않는 사람은 해야 한다.

- 세네카 -

가족

: 가족 냉전을 해결하는 좋은 방법이 없을까?

: 헬렌 켈러보다 심한 장애를 앓고 있는 사람이 아주 많다는 것을 아는가?

: 나는 혹시 패륜아로 자라고 있는 것은 아닐까?

: 함께 있다는 자체만으로 행복할 수는 없을까?

냉전

윤상이는 엄마와 냉전 중이다. 냉전이 시작된 것은 매우 오래되었다고 한다.

"대부분 초등학교 때만 음악, 미술, 체육 학원을 다니고 초등학교가 끝나면 그만 두죠. 엄마도 그랬어요. 그만 다니라고. 그런데 저는 그럴 수 없었어요. 정말 계속 배우고 싶었고, 다니고 싶었거든요. 그것 때문에 엄마와 한참 다투었어요. 힘겨루기도 많이 했죠. 억지로 다니려고 시도도 해 봤어요."

"결국 졌구나."

철학은 엄마보다 힘이 쎄다

“졌죠. 그렇지만 제가 그냥 진 것이 아니에요. 어느 날 다니느니, 마느니하면서 다투다가 엄마가 미술 도구랑 기타를 다 부서버렸어요. 그것으로 끝이었죠.”

“이런, 심하게 상처 받았겠네.”

“맞아요. 장난이 아니었어요. 그 뒤부터 냉전이 지금까지 이어지고 있어요.”

“3년이면 조금 심한데.”

“그 사건만 있는 것이 아니었어요. 전 종합 학원을 다니고 싶었거든요. 가르치는 학원도 좋았고. 그런데 엄마는 일대일로 과외를 하라는 거예요. 이런저런 점을 들어가면서 설득을 하셨죠.”

“나도 종합 학원보다는 과외가 나은 것 같은데…….”

“저는 종합 학원이 더 좋아요. 그래서 고집을 부렸는데 엄마는 계속

과외를 시켰죠.”

“지금은 종합 학원 다니잖아. 어떻게 된 거야?”

“엄마가 하도 말을 안 들어 주기에 과외 선생님 앞에서 ‘저 선생님 싫어요’라고 대놓고 말해 버렸어요. 그것으로 끝이었죠. 결국 엄마는 제가 원하는 대로 들어 줄 수밖에 없었어요.”

“너도 장난 아니다. 결국 1승 1패군. 두 사람 모두 승리하기 위해서 써서는 안 될 카드를 쓰는 구나.”

“저도 알아요. 그렇지만 그렇게 하지 않으면 설득, 아니 이길 수 없으니까요.”

“둘 다 장난 아니다. 그런데 종합 학원을 다니고 싶은 이유가 뭐야?”

“그냥요.”

“그냥? 그냥은 이유가 아니야. 과외 선생님 앞에서 대놓고 싫다고 할 정도면 분명 무언가 이유가 있을 거야.”

“솔직히 말하면…….”

윤상이는 망설이더니 말을 이었다.

“솔직히 집에서 최대한 벗어나고 싶기 때문이에요. 과외는 집에서 하잖아요. 종합 학원은 학교 끝나고 가서 밤늦게 돌아오고. 그러면 집에서 최대한 벗어날 수 있어서 좋아요.”

“혹시 네가 지금 진학을 희망하는 학교도 멀리 떨어져서 기숙사 생활을 하는 것이 좋은 거 아니니?”

“맞아요. 저는 집이 싫어요.”

“과외도 집에서 하니까 싫은 거겠네.”

“그렇죠. 그것도 일대일로 계속 마주보고 있는 것이 짜증나요.”

“너는 원래 혼자 있는 것을 좋아하니?”

“집에서는 혼자 있는 것이 좋고, 밖에 나가서는 친구들과 어울리는 것이 좋아요.”

어디부터 시작된 것일까? 윤상이와 엄마 사이에는 깊고 깊은 골이 패어 있었다.

감정은 쏟아 냈지만

“정원이는 엄마와 냉전을 치른 적 없어?”

“있죠.”

“언제?”

“초등학교 고학년 때였던 것 같아요. 아무튼 그때 엄마가 심리학 공부를 한창 하고 계셨고, 상담도 다녔어요.”

“엄마가 자기계발도 열심히 하시고, 너를 무척 아끼시는구나.”

“저를 더 잘 키워 보고 싶은 마음이 크다는 것을 알아요. 아무튼 어느 날 저에게 오시더니 당신이 심리학 공부한 것을 실습해 보려고 하시는 거예요. 이런 저런 질문을 해도 제가 시큰둥하게 답변했더니 무엇이든 다 들어 주겠다는 뉘앙스를 풍기면서 제대로 대답해 보라고 하셨어요. 그래서 조금씩 긴장을 풀고, 마음속에 있는 이야기를 꺼냈죠.”

“엄마가 대단하시다. 그렇게 하기 참 쉽지 않은데.”

“대단하시죠. 그런데 문제는 제가 그동안 억눌렸던 감정이 폭발했다는 것이예요. 저는 수학 공부를 하는 것이 너무 싫었어요. 숙제도 많고 날마다 문제 푸는 것도 지겹고……. 조금씩 감정이 격해졌고, 울면서 수학 공부하기 싫다고 했죠. 억눌렸던 감정이 한꺼번에 터져 나오니 걷잡을 수 없었어요. ‘나는 강요하는 것이 싫어요’, ‘억지로 공부하는 것이 싫어요’하면서 한참을 이야기했어요.”

“엄마가 어떻게 하시든?”

“처음에는 들어 주시는 듯하다가 나중에는 결국 그냥 나가 버리셨어요. 아마 제가 한꺼번에 쏟아내니까 감당하기 힘드셨던 것 같아요.”

“그러고는 냉전에 들어갔겠군.”

“맞아요. 전 한참을 더 울다가 진정이 됐는데, 그 뒤로는 이상하게도 말을 하기가 싫더라고요. 밥 먹을 때 빼고는 서로 얼굴도 보지 않았어요. 그렇게 한참을 지냈죠. 집안에는 항상 어색함과 침묵만이 흘렀어요. 원래 저랑 엄마랑 무척 친해서 이야기도 많이 하고, 같이 놀기도 했

  철학은 엄마보다 힘이 쎄다

거든요. 그렇게 서로 말을 안 하고 지낸 것은 아마 처음이었을 거예요.”

“화해는 했어?”

“했죠. 한두 달쯤 지난 후였나, 그때도 아무 소리 없이 식탁만 바라보면서 밥을 먹는데 엄마가 ‘밥 먹을 때도 얼굴을 안 쳐다 보냐?’ 하시는 거예요. 저는 고개를 들고 ‘네’라고 대답했죠. 그리고는 대화가 열려서 냉전이 끝났어요.”

“뭐 별다른 이야기는 없고?”

“무슨 말을 하겠어요. 그냥 그렇게 끝난 거지.”

“진짜 화해는 안 했네. 수학 공부는?”

“계속 했죠. 엄마가 그렇게 원하시니까 어쩔 도리가 없잖아요. 그냥 열심히 해야지.”

“침묵의 승리군.”

“엄마가 이겼고, 전 수학 학원을 계속 다녀야 했죠. 그리고 사춘기가 왔고.”

“그때 이야기가 널 제대로 건드렸구나.”

혼자 있고 싶은 마음

“수아도 부모님이랑 냉전을 겪은 적 있어?”

“냉전까지라고 할 것까지는 없지만 좀 다투고 토라지는 적은 여러 번 있었어요.”

“무슨 일로?”

“저희 아빠는 저에게 애정 표현을 많이 하는 편이세요. 제가 뭔가를 하고 있으면 다가오셔서 ‘놀자’, ‘텔레비전 같이 보자’라고 하시면서 귀찮게 하세요. 그럼 전 귀찮으니 가시라고 하죠. 그럼 아빠가 삐져요. 삐진 아빠가 엄마한테 가요. 그러면 엄마가 저에게 잔소리를 하세요. 그래서 결국 엄마랑 저랑 싸우죠.”

“두 분 사이는 좋아지겠다.”

“그럼요. 두 분이서 저 흉을 보면서 얼마나 친한 척하시는데요.”

“부모님 두 분을 사이좋게 만들었으니 효녀네.”

“저는 힘들어요.”

그 말을 옆에서 듣고 있던 윤상이랑 정원이가 자기들에 비하면 행복한 고민이라고 하면서 투덜거렸다. 필자가 생각해도 그랬다.

“엄마랑도 비슷해요. 제가 뭔가 하고 있으면 엄마가 오고, 제가 뭐라고 하면 아빠한테 가서 일러바치고, 아빠가 와서 뭐라고 하고, 아빠랑 싸우고, 엄마 아빠는 친해지고.”

“하하하! 진짜 재미있는 분들이시다. 부럽다.”

“저만 힘들죠.”

필자는 문득 수아가 혼자 있고 싶은 마음이 왜 강한지 궁금했다. 윤상이처럼 자기만의 공간, 자기만의 시간을 많이 보내기를 원하는지 물어보았다.

"저는 혼자 있는 것이 익숙하기는 해요. 형제가 없으니까요. 그런데 가끔 외로워요. 누군가 함께 있는 것이 좋아요. 그래서 종종 혼자인 것이 외롭고 쓸쓸할 때가 많아요."

"참 아이러니군. 혼자 있는 것이 익숙한데 혼자 있는 것은 싫다니."

"맞아요. 그래서 자꾸 엄마 아빠가 같이 뭐하자고 할 때 혼자 있고 싶다고 말해요. 익숙하니까. 그러면서도 같이 있는 시간이 되면 나름대로 재미있어요. 하지만 지나치게 제 생활에 누군가가 들어오는 것은 싫어요."

"맞아. 그것이 외동의 특성이지."

부모와 관계 맺기

"그럼, 우리 이제 각자 처한 문제에 대한 처방을 고민해 볼까? 서로에게 해 줄 이야기가 있으면 해 보자."

내가 세 명에게 운을 뗐다.

"수아 상황이 제일 쉬운 것 같아요. 수아는 혼자 있는 것을 좋아하니까 그것을 지키되, 누군가 자신에게 관계를 맺으려고 다가오면 마음을 열고 맞이하는 여유를 지니면 좋을 것 같아요.”

정원이 말했다.

“나도 동의해. 나도 친구들이랑은 그게 잘돼. 내가 뭐 할 일이 없으면 부모님이랑도 어색하지 않게 되고. 그런데 내가 무엇인가를 하거나, 내 일이 있을 때는 난 간섭받거나 방해받기 싫어. 부모님이든 친구든 마찬가지야.”

수아가 대꾸했다.

“정원이는 지레 포기하지 않고 끝까지 엄마에게 이야기해야 한다고 봐. 그냥 엄마의 말에 기죽지 말고, 자기가 한 번 생각이 들었던 이야기면 끝까지 말했어야 했어.”

이번에는 수아가 정원이에게 말했다.

“그건 나도 동의해. 사실 그냥 ‘밥 먹을 때 얼굴을 안 쳐다 보냐?’라는 말에 ‘네’하고 화해했다는 것이 참 아쉬워. 네가 원하는 것을 이야기를 했으면 그에 대해서 무엇인가 이야기를 나누는 것이 필요했다고 봐.”

내가 말했다.

“선생님 말씀은 맞아요. 그렇지만 당시 분위기가 그런 말 꺼내기가 쉽지 않았어요.”

“그 기분은 나도 알아. 그래도 문제가 드러났을 때는 힘들어도 직접 부딪혀야 해.”

“침묵을 이겨내기 힘들었어요.”

“네 자신의 힘이 더 커져야지. 상대가 누구든지, 서로 쌓인 문제가 드러나면 피하지 말고 부딪혀야 해. 그냥 덮어 둔다고 해서 좋은 것이 아니야. 상처는 보이지 않지만 속으로는 곪고 있지. 우리는 겉에 아무런 문제가 없으면 그냥 다 괜찮다고 안심하는 경향이 있어. 그렇게 안심하다가 나중에 더 큰 문제가 되지.”

“맞아요. 제 내면의 힘을 더 키워야죠. 계속 덮어 두며 살 수는 없으니까.”

“그래, 그렇다고 윤상이처럼 너무 화끈한 방법은 쓰지 말고.”

수아와 정원이가 웃었다. 윤상이도 알듯 모를듯 웃었다.

“윤상이 너는 엄마랑 계속 그렇게 지낼 거니?”

필자가 물었다.

“방법이 없어요. 엄마가 변하기 전에는…….”

“그렇기는 해. 엄마는 너보다 우월한 지위니까. 부모 자식 사이에서는 부모가 힘이 센 것은 당연해. 그런데 알지? 자식 이기는 부모 없다는 거!”

“맞아! 결국 우리가 이겨!”

정원이가 맞장구를 쳤다.

"난 네가 원하는 것이 엄마랑 멀리 떨어지는 것이라고 보지는 않아. 너는 제대로 된 관계를 원해. 네가 원하는 것을 말했을 때 들어 주는 엄마, 네 마음을 알아주고 이해해 주는 엄마, 널 따스하게 감싸 주는 엄마를 원해."

"……."

도망가기, 아니면 먼저 시도하기

윤상이가 조금 길게 침묵했다. 난 기다리다가 다시 말을 이었다.

"자신이 상대방에게 받기를 원하는 것이 있으면 먼저 그것을 상대방에게 주라는 말이 있어. 네가 받고 싶은 것을 먼저 엄마에게 주는 것은 어떨까 싶다."

"쉽지 않아요."

윤상이가 가라앉은 톤으로 말했다.

"쉽지 않지. 그래서 나도 안타까워. 그래도 어쩌겠니, 지금 이 상황에서 방법은 도망가는 것과 네가 먼저 하는 것 둘 중 하나밖에 없는데. 도망가는 것이 그리 좋은 방법 같지는 않고."

윤상이 표정이 너무 어두워져서 난 더 이상 말을 하지 않았다.

윤상이는 진솔한 관계를 꿈꾼다. 진짜 엄마의 사랑을 그리워한다.

철학은 엄마보다 힘이 쎄다

공부하라고 다그치며 '다 너의 미래를 위해서 이러는 거야'라는 말이
아니라 진짜 사랑으로 보듬어 주는 엄마를 원한다. 그러나 윤상이에게
는 이러한 관계 개선을 먼저 시도할 만한 힘이 없다. 그러니 도망친다.
엄마로부터 최대한 멀리 떨어지려고 한다.

　필자는 부모와 자식 사이에 벌어지는 냉전은 따뜻한 관계를 꿈꾸는
청소년들의 필사적인 저항 때문에 발생한다고 생각한다. 어른들이 조
금이라도 그 마음을 이해하고 받아 주면 좋으련만 어른들 역시 관계
맺기에 서툴다 보니 어렵고 힘들기만 하다.

관계, 바람이 통할 거리가 필요하다

애완동물을 기르다 보면 처음에는 대체로 애완동물이 말 잘 듣고, 잘 안기는 것을 원한다. 주인이 오면 달려와서 애교도 부리고, 애정 표현을 적극적으로 하는 것을 좋아한다. 그러다가 어느 정도 시간이 흐르면 사랑해달라고 달려드는 애완동물이 조금 부담스럽고, 심하면 짜증이 나기도 한다. 필요할 때 적당히 애교 부리고, 또 어떤 때는 주인이 오든 말든 자기 나름대로 노는 애완동물이 키우기도 좋고, 마음도 편하다. 너무 가까우면 좋을 것 같지만 꼭 그렇지만은 않는 것이 애완동물이다.

바람이 통하는 관계

　사람과 사람의 관계도 마찬가지다. 처음에는 나만 생각하고, 나만 위해 주고, 나 외에는 아무도 찾지 않는 사람이 좋다. '왜 나에게는 신경 써 주지 않고, 다른 사람을 신경쓰느냐'고 하면서 화를 내기도 한다. 그 사람의 관심이 온통 나뿐이기를 바란다. 그러다가 시간이 지나면 지나친 관심이 오히려 부담스러워지고, 심지어 다툼의 원인이 되기도 한다. 애완동물과 주인의 관계처럼 사람과 사람의 관계도 너무 뜨겁고, 가까우면 서로 부딪치고 충돌하기 마련이다. 열렬한 사랑이란 것이 오랜 시간을 두고 보면 꼭 좋은 것만은 아니다.

　건강한 인간관계를 유지하려면 두 사람 사이에 바람이 통해야 한다. 너무 붙어 있으면 끈적끈적하고, 무덥고, 짜증이 난다. 너무 멀면 서먹서먹하고, 서운하고, 외롭다. 그래서 사람과 사람 사이의 관계는 적절한 거리가 필요하다. 너무 친밀하지도 않고, 그렇다고 너무 멀지도 않은 사이가 가장 오래간다. 물론 불타오르는 열정을 지니지 말라는 뜻은 아니다. 그런 관계도 있고, 그런 순간도 있지만 관계가 오래 유지되기를 바란다면 밀착이 결코 좋은 방법이 아니라는 뜻이다. 강하게 타는 촛불은 빨리 타서 사라지기 마련이다.

　물론 지나치게 마음이 멀어서 썰렁한 관계는 더 큰 문제다. 그것은 관계 사이에 시원한 봄바람이 아니라 삭막한 겨울바람이 부는 셈이다. 너무 멀어서 겨울바람이 부는 것도, 너무 가까워서 무더운 바람이 부는 것도 바람직하지 않다. 따스한 봄바람이 인간관계를 가장 건강하게 한다.

친밀한 관계에서 벌이는 다툼

가까우면 왜 자꾸 싸움이 나고 다툼이 생길까? 일단 가까운 사이라고 여기면 나를 위해서 무언가를 해 주리라는 바람이 많아진다. '이런 것은 당연히 해 주겠지', '이 정도면 내 마음을 알아줄 거야', '저 사람은 나를 사랑하니까 모든 것을 다 해 줄 거야'라고 생각한다. 물론 초기에는 이런 관계가 가능하지만 이런 상황이 오래 갈 리 없다. 그래서 기대는 높은데 상대가 채워 주지 못하는 경우가 생기면 타오르던 열정은 곧바로 '화'로 바뀐다. 그래서 지나치게 친밀한 사람들이 싸우면 정말 격렬하다.

지나치게 가까우면 함부로 행동하는 경향도 생긴다. 나와 가까우므로 형식적인 예의를 종종 무시한다. 다른 사람에게는 절대 하지 않을 말도 가까우니까 거리낌 없이 한다. 당연히 이런 예의 없는 행동, 거리낌 없는 행동이 갈등을 만든다.

철학은 엄마보다 힘이 쎄다

친밀함이란 나 자신을 열어서 보여 주는 것이다. 맨 얼굴도 보여 주고, 부끄러운 것도 보여 주고, 솔직한 마음도 보여 준다. 그만큼 친하기 때문이다. 적나라하게 서로를 알기 때문에 싸움은 서로의 치부를 건드리는 식으로 전개된다. 잘 안다는 것은 친할 때는 친밀함을 강화시키는 작용을 하지만, 싸울 때는 상대방을 공격하는 치명적인 무기로 돌변한다. 싸움에서 이기기 위해 상대방의 약점을 공격한다. 너무 잘 알고 있기 때문에 공격은 강력해지고, 싸움은 격렬해진다.

가족 간 다툼의 이면에는 친밀함을 무기로 상대를 내 마음대로 해 보겠다는 의도가 깔려 있다. 나는 엄마 딸이니까 엄마는 내 마음대로 해도 돼, 나는 당신 남편이니까 당신은 내 말을 들어 줘야 해, 나는 너의 오빠니까 내가 원하는 것을 당연히 해 주어야 해…….

친밀함을 무기로 상대가 나에게 맹목적인 복종, 즉 맹종하기를 바라는 마음이 친밀한 가족 간에 은근히 많다. 인간은 자유를 꿈꾸는 존재다. 누군가를 맹목적으로 추종하고 복종하는 관계가 되기를 바라는 사람은 거의 없다. 누군가의 노예가 되어 비인간적인 대접을 받으며, 살고 싶은 사람이 어디 있겠는가? 그런데 우리는 가족 관계에서 친밀하다는 이유로 상대를 맹종하는 노예로 만들려는 경향이 많다.

맹종이 아니라 자유

건강한 관계는 맹종이 아니라 자유에서 비롯된다. 상대도 자유롭고, 나도 자유로워야 한다. 자유로운 인간이 서로에게 애정을 품고 자기 마음에서 우러나오는 정성을 기울일 때 그 관계가 가장 건강하다. 가족 사이에 지나치게 다툼이 많다면 혹시 친밀함을 이유로 상대에게 함부로 하고 있지는 않은지 생각해 봐야 한다. 내가 너무 상대방에게 의존하고, 상대방 말을 너무 크게 생각하지는 않는지도 생각해 봐야 한다.

내가 내 스스로 자유롭지 못하면 상대에게 자꾸 내 자유를 넘겨 주거나, 상대를 자유롭지 못하게 만들게 된다. 따라서 스스로 자유로워야 한다. 스스로 자유로울 때 남의 자유도 보장해 줄 여유가 생긴다. 두 자유가 모여 맺는 관계야말로 진짜 따스한 애정이 흐르는 관계다.

너는 헬렌 켈러보다 더 심한 장애가 있구나!

예전에 강남에서 겪은 일이다. 정말 초등학생이 맞나 싶을 정도로 똑똑한 학생이 있었다. 어느 날 엄마 얼굴을 글로 묘사해 보라고 했는데 당황하면서 어쩔 줄 몰라 했다. 처음에는 장난치는 줄 알았는데 얼굴이 붉어지더니 눈물까지 글썽이는 것을 보니 장난이 아니라 진짜였다. 혹시 어머니가 안 계신데 내가 실수를 한 것이 아닌가 싶어서 너무 미안했다. 그래서 사과하며 다독이는데 그런 것은 아니란다. 엄마는 전업 주부로 집에 계시다고 했다. 그럼 도대체 왜 울먹이는지 조심스럽게 물었다. 그 아이 입에서 나온 말은 충격이었다.

“엄마 얼굴이 생각이 안 나요.”

날마다 보고 사는 엄마 얼굴이 기억나지 않는다니…….

“저는 아침에 나왔다가 한밤중에 집에 들어 가요. 주말에도 엄마 얼굴을 제대로 볼 시간이 없어요. 진짜 엄마 얼굴이 잘 기억나지 않는단 말이에요.”

밤낮으로 공부하느라 엄마를 제대로 마주할 기회조차 없는 아이는 엄마를 자세히 묘사하라고 하자 엄마의 이미지가 떠오르지 않아 당황했고, 어린 마음에 울먹인 것이다. 매우 오래 전 일임에도 아직 그때 받았던 충격이 가시지 않고 필자에게 남아 있다.

그런데 엄마 얼굴이 기억나지 않을 정도는 아니어도 엄마에 대한 따스한 느낌이나 유대감을 지니지 못한 학생들이 의외로 많다. 많은 가족을 대상으로 조사해 보지 않아서 잘은 모르겠지만, 겉으로는 멀쩡해 보이더라도 이러한 문제를 안고 있는 가정이 많으리라 생각한다.

야단맞은 것이 아니라 싸웠다

“어제 무슨 일 있었어? 안 좋은 이야기가 들리던데.”

시무룩한 얼굴을 한 경수에게 조심스럽게 말을 건넸다.

“엄마랑 싸웠어요. 학원 숙제는 안 하고 컴퓨터만 한다고.”

     철학은 엄마보다 힘이 쎄다

너무 작아서 잘 들리지 않는 목소리로 경수가 말했다.

"그럼 야단맞은 거네."

"아뇨. 싸웠어요."

"야단맞았다고 하지 않고 싸웠다고 말하는 이유가 뭐야?"

"싸운 거니까요. 전 제 방안에서 문을 닫고 있고, 엄마는 끊임없이 잔소리했어요."

"엄마가 야단을 치는데 문을 닫고 있었다는 말이야?"

필자는 조금 놀랐는데 경수는 아무렇지 않은 듯 말했다.

"잔소리가 듣기 싫어서요."

"얼마나 그렇게 있었어?"

"처음에 거의 한 시간 들었어요. 그러고는 잠시 쉬다가 다시 잔소리를 하시더라고요. 도대체 얼마나 잔소리를 하셨는지 기억도 안 나요."

"그동안 내내 문 닫고 있었고?"

"그렇죠 뭐."

"잔소리 들을 때 기분은 어때?"

"짜증나죠."

"엄마가 뭐라고 하시는지 내용은 기억나?"

"전혀요."

"너는 뭐라고 말했어?"

마음의 문을 닫아걸다

"전 그냥 귀 막고 있었어요. 아무 말도 안 하고."

"잔소리를 해도 전혀 듣지 않는구나?"

"네. 엄마는 엄마대로 말씀하시고, 저는 저대로 지내요. 엄마는 그것
도 모르고 심하게 잔소리를 하시죠. 저야 뭐 아예 신경을 꺼 버려서 아
무렇지도 않아요."

"그래도, 엄마한테 하고 싶은 말이 있었을 텐데."

"없어요. 예전에는 다 알았으니까 잔
소리를 그만하시라고 말하기도 했는데
이제는 그런 말도 지겨워서 안 해요."

"아예 포기했구나. 그럼 그렇게 야
단맞고 난 뒤에 풀기는 했니?"

"뭘 풀어요. 그냥 그러고 만 거죠."

"엄마와 대화를 해 본 적은 있니? 일
방적으로 듣기만 하거나, 넌 귀 닫고 엄
마는 잔소리하는 그런 거 말고, 대화."

"없어요."

"어릴 때부터 계속?"

“네.”

“아주 어릴 때부터 그냥 듣기만 했구나. 그러다 어느 순간부터 듣지도 않고.”

“네.”

“정말 엄마한테 하고 싶은 말이 전혀 없니?”

“전혀.”

“정말 서글프다.”

필자의 입에서는 절로 한숨이 나왔다.

“한 번이라도 엄마가 무슨 이야기를 하는지 들어 보는 것은 어때? 신경 쓰고 들어 보면 그래도 엄마 마음을 알 텐데.”

“처음에는 조금 들으려고 해요. 그러다 잔소리인 것 같으면 그 뒤부터 안 들어요.”

“잔소리라고 판단하는 근거는?”

“공부에 관한 거요. 숙제니, 성적이니 뭐 이런 거요.”

“정말 궁금한데, 공부나 숙제, 성적으로 뭐라고 잔소리하셔?”

“뭐라고는 하시는데 안 들어서 전혀 기억이 안 나요. 솔직히 들어도 무슨 말인지도 모르겠고.”

“엄마는 도대체 왜 공부 때문에 그렇게 화를 내실까?”

“몰라요. 그냥 툭하면 야단쳐요. 제가 솔직히 숙제를 잘 안하기는 해요. 공부하고 싶은 생각도 전혀 없고."

"그래서 잔소리를 하시는구나."

마음에서 사라진 엄마

"엄마를 만날 때 무슨 마음이야?"

"없어요."

"그래도 엄마에 대한 느낌은 있을 거 아냐?"

"집 안에 있는 여자 정도?"

"휴, 집에 있는 여자라⋯⋯."

"저는 집에 엄마가 안 계시는 것이 좋아요. 편하거든요. 집에 엄마가 들어오시면 낯선 여자와 있는 것 같아요. 그것도 툭하면 저한테 화내고 잔소리하는 여자. 동화 속에 나오는 새엄마 같아요."

"엄마가 다정하고 좋았던 적은 없어?"

"없었어요."

"어릴 때도 없어?"

"아마 초등학교 들어가면서부터 없어진 것 같아요. 그래도 그 전에는 좋아하기도 했던 같은데 잘 모르겠어요."

"공부 때문이구나. 아빠랑은 어때?"

"어릴 때는 같이 게임도 했는데, 요즘은 텔레비전만 같이 봐요."

"이야기는?"

"안 해요. 거의."

"너한테는 공부가 원수겠구나. 너는 공부를 어떻게 생각해?"

"쓸데없는 것 같아요. 쓸데없는 것을 너무 많이 하라고 해요."

"하고 싶지 않겠구나."

"당연하죠."

"휴, 그러니 엄마와 부딪칠 수밖에 없겠구나. 내가 생각해도 참 답답하다."

"엄마는 툭하면 외고에 입학한 사촌형을 들먹이면서 저에게 뭐라고 하세요."

"사촌이 네 원수구나. 앞으로도 공부 열심히 할 생각 없지?"

"거의."

"엄마도 바뀔 가능성이 없고?"

"네."

"그러니 끊임없이 잔소리와 다툼이 이어지지. 어느 한쪽이 포기해야 할 텐데, 둘 다 포기할 것 같지 않으니 싸움이 계속 되겠구나. 휴~"

대화를 나누다 도대체 몇 번이나 한숨을 쉬었는지 모른다. 대화를 나누면서 둘이 가장 많이 한 것이 한숨이었다. 그런데 문제는 경수와 같은 청소년이 너무 많다는 것이다. 직접 보기도 하였고, 많이 듣기도 하였다. 무기력하고, 부모 말에 귀를 닫고, 제대로 말도 하지 않고, 친밀한 관계도 끊어 버리는 사회적 장애를 지닌 청소년이 너무나 많다. 시키는 대로, 흘러가는 대로 산다. 자신의 의지도 없고, 목표도 없고, 타율에 의해서 산다.

무기력은 생존의 무기

"이 끔찍한 상황에서 벗어나고 싶지 않냐?"

"벗어나고 싶죠. 방법만 알면 벗어날 텐데……. 차라리 세상이 확 엎어졌으면 좋겠어요. 전쟁이 나든지, 대형 사고가 나든지."

경수의 말에 살기가 돋아났다. 난 등골이 오싹해지는 느낌이 들었다. 이 녀석이 지금 당장은 아니지만 언젠가 자기 안에 쌓인 분노를 터트릴 것만 같은 기분이 들었다. 이런 청소년이 너무나 많다는 생각이 들자 손이 바들바들 떨리기까지 했다. 난 일부러 화제를 돌렸다.

"예전에 좋아하는 것이 뭐라고 했더라?"

"그거요. 이젠 안 좋아해요."

"하고 싶은 것은 없고?"

"별로요. 요즘에는 게임도 재미없어요."

이렇게 무기력에 빠진 청소년이 공부가 될 리가 없다. 아무리 좋은 선생님을 모셔 놓고 공부를 시켜도, 때로 무자비하게 때려도 공부를 하지 않는다. 무기력한 사람에게는 그 어떤 처방도 효과가 없다.

경수 같은 청소년들의 가장 큰 무기가 '무기력함'이다. 무기력함이 무기라고 하니 이상하게 들릴지 모르겠지만 사실이다. 무기력함을 무기로 아무것도 안 하려고 한다. 책임도 지지 않으려 하고, 행동하려고 하지도 않는다. 난 무기력하니까 건드리지 말라고 무언의 시위를 한다. 그렇게 한없이 약한 자가 되어 스스로 피해자를 만든다. 무기력함이 아니면 저항할 방법이 없기 때문에 무기력을 무기로 사용한다. 입 닫고, 귀 닫고, 생각을 닫고, 관계도 닫고 지낸다. 그래야 살아갈 수 있기 때문이다. 경수에게 무기력은 생존의 무기다.

좋아하는 일을 생각하면

"혹시 완벽한 자유 시간이 주어지면, 그러니까 어느 누구도 너를 건드리지 않고, 무엇이든 할 수 있는 완벽한 자유가 주어지면 하고 싶은 것이 있니?"

"글쎄요. 게임, 컴퓨터, 텔레비전 보기……."

경수는 무언가를 속으로 중얼거렸다. 그러다 문득 생각나는 것이 있는지 목소리에 갑자기 힘이 실렸다.

"레고로 조립을 하고 싶어요. 상상도 할 수 없을 만큼 복잡한 레고를 쌓아 두고 제가 상상하는 대로 마음껏 만들고 싶어요."

경수 목소리에 힘이 실린 것이 처음이었다. 필자는 너무 반가웠다.

"와, 나도 그런 것 무지 좋아하는데. 사실 나도 건담을 눈독 들이고 있는데 30~40만 원이나 하거든. 가격도 부담이고 시간도 많이 걸려서 사지 못하고 있어. 넌 옆에서 레고하고, 난 건담 만들면 진짜 재미있겠다."

"저, 진짜 레고 좋아해요. 건담도 조립 많이 해 봤어요."

"진짜 재밌지. 참, 만약 네가 레고 장난감 만드는 공부를 하거나 그와 관련된 일을 하면 어떨 것 같니?"

"신나겠죠. 설계도 해 보고, 조립도 해 보고, 색깔도 다양하게 입혀 보고⋯⋯. 정말 신날 거예요."

경수 얼굴이 환하게 빛났다. 눈도 초롱초롱했다. 경수 속에 감춰진 무언가가 깨어나는 느낌이 들었다.

"영어나 수학보다 훨씬 더⋯⋯. 그럼 스스로 할 거예요. 저 스스로 공부하고, 저 스스로 노력하고⋯⋯. 휴~ 그렇지만⋯⋯."

갑자기 경수가 풀이 죽었다. 신나하던 기운이 풍선에 바람 빠지듯 빠져 나갔다.

철학은 엄마보다 힘이 쎄다

"엄만, 절대 시켜 주지 않을 거예요. 공부를 포기하는 것은 엄마한테 있을 수 없는 일이니까요."

"말이라도 해 보지 그러니?"

"소용없어요. 해 봤자 무시당할 것이 뻔해요."

"용기가 필요해 보이는데."

"안 돼요. 제 방에 있던 레고를 전부 버린 것이 엄마니까요. 제가 공부는 안 하고 레고만 갖고 논다고 초등학교 때 싹 버리셨어요."

난 그제야 경수의 모든 상황이 이해가 되었다.

누가 진짜 장애인인가?

경수에게는 엄마가 레고를 일방적으로 버린 사건이 엄청난 충격이었다. 자신이 아끼던 레고가 완전히 사라지는 순간 엄마가 너무나 낯선 사람, 차가운 사람이 되었고, 자신은 무기력하고 힘없는 존재가 되었다. 그런 후에 경수는 마음을 닫아 버렸다. 엄마 말을 듣지 않는 것으로, 철저히 무기력하게 행동하는 것으로 엄마에게 복수를 했다. 그것이 너무 오래 지속되다 보니 경수는 온몸에 무기력이 습관으로 배어 버린 것이다.

경수가 레고 만드는 일을 좋아하는 것은 정말 레고가 좋아서라기보다 어릴 때 엄마가 레고를 버리기 전으로 돌아가고 싶은 마음 때문인지도 모르겠다. 그 이전까지 자신을 사랑해 주고, 따스하게 대해 주었던 엄마를 다시 만나고 싶다는 처절한 열망 때문이 아닐까?

경수는 현실을 보지 않는다. 엄마 말을 듣지도 않고, 말하지도 않는다. 삼중장애다. 헬렌 켈러는 듣지도, 보지도, 말하지도 못하는 삼중장애를 앓았다. 그러나 헬렌 켈러는 마음으로 듣고, 마음으로 보고, 마음으로 말했다. 헬렌 켈러는 장애와 관계없이 숱한 사람과 마음을 나누었다. 그런데 경수는 귀도, 눈도, 입도 살아 있지만 자신과 가장 가까운 엄마와도 말을 하지 않고, 듣지도 않고, 엄마를 보지도 않는다. 경수는 진짜 장애인이었다. 마음에 장애가 생긴 진짜 장애인이다.

혹시 경수가 아니라 경수 엄마가 진짜 장애인이 아닐까? 자녀의 소망을 듣지도 않고, 자녀의 말을 듣지도 않고, 자녀가 원하는 따스한 말 한마디 해 주지 않는 진짜 장애인 말이다. 어쩌면 문제는 청소년이 아니라 마음의 장애를 앓고 있으면서도 자신이 장애를 앓고 있는지도 모르는 어른들인지도 모른다.

그날 필자는 그저 경수 등을 두드려 주는 것 외에는 아무것도 할 수 없었다. 그저 들어 주고, 등 한 번 토닥여 주는 것 외에는 아무것도 할 수 없는 자신이 정말 무기력하게 느껴졌다. 그날 생긴 무력감 때문에 필자는 한동안 고생을 해야 했다. 어른인 필자도 며칠 동안의 무기력

   철학은 엄마보다 힘이 쎄다

때문에 힘들었는데 초등학교 1학년 때부터 무기력해진 경수는 도대체 8년이 넘는 시간을 어떻게 견디며 보냈을까? 경수가 겪었을 마음고생을 생각하니 가슴이 너무 아팠다. 그 고통을 감내하고 살았기 때문에 세상이 뒤엎어졌으면 좋겠다고, 전쟁이 일어나는 것이 차라리 낫다고 생각하는 것이다. 경수와 같은 청소년들에게 무엇을 어떻게 해 주어야 할지 한숨만 나온다.

동화책, 나쁜 엄마는 왜 모두 새엄마인가?

요즘은 안 그렇지만 옛날 동화책에 나오는 나쁜 엄마는 거의 모두 새엄마다. 이는 동서양을 막론하고 똑같다. 신데렐라와 백설공주를 괴롭히는 엄마는 새엄마다. 헨델과 그레텔에서 두 사람을 숲속에 버리는 엄마도 새엄마다. 콩쥐를 괴롭히는 팥쥐 엄마, 장화홍련을 죽음으로 내 몬 잔인한 엄마도 모두 새엄마다.

동화책에서 새엄마를 나쁘게 그리는 것은 사실 부당하다. 오늘날의 사회 현실에도 전혀 부합하지 않는다. 이혼율이 증가하고 이혼한 가정이 새롭게 가정을 꾸리는 경우가 많은 현실에서, 아이들이 읽고 자라는 동화책에 그려져 있는 나쁜 새엄마는 새로운 가정의 행복을 방해하는 방해꾼이다. 그런 면에서 이러한 동화는 새 시대에는 맞지 않는 동화다.

과거에는 재혼이 흔치 않았고, 금기시했기 때문에 새엄마를 나쁘게 그렸다는 의견도 있다. 그러나 그것은 추측일 뿐이다. 과거에도 재혼은 일반적인 문화 중의 하나였다. 그리 금기시되지도 않았다. 우리나라의 경우도 조선시대에 들어서야 재혼이 성리학에 의해 금기시되었을 뿐, 그 이전까지 재혼은 전혀 문제될 것이 없었다. 그런 상황에서도 새엄마를 나쁘게 그려 내는 이야기가 많았던 이유는 무엇일까? 혹시 과거에 정말 악랄한 새엄마들이 있어서 원한을 품은 사람이 이런 이야기를 만들었던 것일까? 물론 그럴 수 있다. 그러나 새엄마가 나쁜 엄마인 이유는 전혀 다른 데 있다.

나쁜 엄마는 새엄마일 수밖에 없다

어떤 이는 엄마를 '모신(母神)'이라 했다. 신은 모든 곳에 있을 수 없기 때문에 어머니를 만들었다는 말도 있다. 어머니가 신과 같은 존재라는 뜻이다. 그러나 현실은 그렇지 않다.

어머니는 지극히 인간적인 존재이며, 우리 주변에서 흔히 보는 인간일 뿐이다. 물론 어머니가 자식을 사랑하는 마음이야 지극하다. 그러나 모든 엄마가 그런 것은 아니다. 그리고 엄마도 인간이기에 어떤 때는 지극한 모성을 발휘하지만, 그러지 못할 때도 있다. 현실의 엄마는 모성이 철철 넘치는 착한 엄마, 모든 것을 희생해서 자식을 돌보는 숭고한 엄마가 아니다. 더욱이 나쁜 엄마도 분명 있다. 엄마가 나쁘다니? 이것은 도저히 받아들일 수 없다. 특히 아이 처지에서는 자신에게 절대적인 존재인 엄마가 나쁘다는 것은 도저히 용납할 수 없는 사실이다.

그래서 나쁜 엄마는 진짜 엄마가 되면 안 된다. 진짜 엄마라면 나를 이렇게 미워하고, 사랑해 주지 않을 리 없다. 진짜 엄마는 영원한 내 사랑이며 환상이어야 한다. 진짜 엄마에 대한 환상은 깨지면 안 된다.

그때 자녀가 느끼는 괴로움, 나쁜 엄마가 주는 모순을 해결하는 것이 새엄마다. 어릴 때 엄마가 나를 야단치고, 서운하게 대하면 '날 이렇게 대하다니, 분명 나는 주워 온 자식일 거야' 하고 생각하는 경우가 있다. 주변에서도 농담처럼 '다리 밑에서 주워왔다'고 말하기도 한다.

이상의 엄마와 현실의 엄마의 괴리감을 해소하는 방법, 그것이 바로 새엄마다. 새엄마이기 때문에 나를 야단친다. 새엄마이기 때문에 숭고한 사랑으로 나를 보살피지 않는다. 새엄마이기 때문에 나쁘다. 동화 속 나쁜 엄마는 그래서 새엄마일 수밖에 없다. 환상은 깨지면 안 되기 때문이다.

철학은 엄마보다 힘이 쎄다

판타지와 현실은 다르다

엄마에 대한 우리의 생각은 현실이 아니라 환상에 기반을 두고 있다. '어머니'라는 이름을 들으면 눈물이 난다고? 물론 그런 사람이 많겠지만 그 말을 듣고 아무런 감정이 느껴지지 않거나, 심지어 분노하는 사람도 있을 것이다. 그럼에도 여전히 우리는 숭고한 모성으로 똘똘 뭉쳐진 엄마를 꿈꾼다. 그것은 환상일 뿐인데 말이다.

가족도 환상의 일종이다. 흔히 가족은 어떤 경우에도 포기해서는 안 되는 가치이며, 절대적인 선이라고 말한다. 이런 말이 가장 많이 뉴스에 나오는 때가 명절이다. 그런데 명절 때를 한번 생각해 보자. 과연 명절에 가족끼리 모여서 사랑을 느끼기 위해 막힌 길을 뚫고 갈까? 혹시 의무감이나 주변에서 다 가니까 가는 것은 아닐까? 우리나라는 별로 넓지 않기 때문에 아무리 멀어도 대부분 다섯 시간 안에 갈 수 있다. 따라서 가족을 정말 사랑한다면 평소에 얼마든지 가족을 만나러 움직일 수 있다. 그럼에도 평소에는 잘 찾지 않는다. 그러면서 명절 때 무리지어 몰려가는 모습에서 가족애 운운하는 것은 지나친 과장이요, 환상일 뿐이다.

할리우드 영화를 보면 대부분 가족을 소중하게 그려 낸다. 가족은 어떤 경우에도 포기할 수 없는 가치로 그려진다. 사랑도 마찬가지다.

사랑은 어떤 힘겨움과 고통도 이겨내는 숭고한 정신이다. 그러나 할리우드 영화에서 그려지는 그 수많은 가족의 가치, 사랑의 가치들도 사실은 실제가 아니라 환상일 뿐이다. 미국 사회의 높은 이혼율은 현실과 영화가 한참 다르다는 것을 보여 준다. 당연히 사랑의 가치도 현실과는 너무나 다르다. 환상은 현실과 반대다. 결국 가족, 사랑, 모성이라는 말이 넘치는 사회는 사실은 그것이 너무 없는 사회라는 반증인 셈이다.

엄마도 인간이다

환상을 깨야 한다. 엄마에 대한 환상도 마찬가지다. 엄마는 신이 아니다. 엄마도 인간일 뿐이다. 물론 자식의 입장에서 볼 때 엄마는 매우 절대적인 영향을 끼치는 존재다. 그러나 그렇다고 해서 엄마가 모성을 완벽하게 갖춘 존재일 필요는 없다. 엄마는 한계가 분명한 인간이며, 때로는 실수를 하고, 때로는 무자비하게 자식을 대할 수도 있다. 엄마도 그럴 수 있음을 받아들여야 한다. 환상에서 벗어나면 현실을 살아가는 힘이 생긴다. 현실을 제대로 인식하면 어떻게 대처하고, 문제를 어떻게 풀어가야 하는지 길이 보인다. 자신에게 가장 절대적인 존재는 오직 자기 자신이다. 삶은 자기 것이지, 그 누구의 것도 아니다.

엄마에 대한 환상을 깨라고 해서 엄마를 부정하라는 말은 아니다. 엄마가 어떤 태도로 나를 대하든 대부분의 엄마는 나를 사랑하신다. 엄마의 사랑은 가장 크고, 오랫동안 변하지 않는 사랑이다. 그런 면에서 엄마의 사랑은 신의 사랑에 가장 가깝다고 할 수 있다.

계집女가 아니고 엄마女!

"동생은 여우에요. 하루에도 수십 번씩 얼굴이 변하죠. 제가 야단을 맞을 때 동생은 괜찮았죠. 그런데 얼마 전 학원에서 본 시험에서 동생이 심하게 낮은 점수를 얻었어요. 그때 부모님께서 약간 다투셨는데, 마침 학원에서 동생의 시험 점수를 알려 준 거예요. 그 일 때문에 동생은 엄청 혼이 났죠. 동생은 잘못했다는 표정으로 얌전히 들었어요. 그러고는 방에 들어왔죠. 나한테 막 분풀이를 하는 거예요. 그러면서 '女ㄴ'이라는 말을 하더군요."

"女ㄴ? 누구?"

“엄마요.”

난 깜짝 놀랐다.

“뭐? 엄마를 女ㄴ이라고 불러? 넌 가만히 있었어?”

필자는 정말 놀랐는데 형석이는 덤덤하게 말했다.

“뭐, 엄마를 ‘女ㄴ’이라고 하는 것은 흔히 듣는 이야기에요. 친구들 중에 더 심한 말을 하는 아이들도 많아요.”

“……!”

“동생은 제 앞에서 ‘그 女ㄴ’이 어쩌고저쩌고, ‘엄마女ㄴ’이 어쩌고저쩌고하면서 한참 욕을 했어요. 그러고는 엄마가 부르는 소리가 나니까 얼굴이 싹 돌변해서 ‘네’하며 목소리 깔고 다시 나가더라구요.”

아무렇지 않다는 것이 더 놀랍다

정말 기가 막혀서 할 말을 잃었다. 그 정도면 패륜아가 아닌가 싶었다. 늙은 부모를 학대하는 자식들에 관한 뉴스가 떠올랐다. 가끔씩 접하는 끔찍한 가족 살해 기사도 떠올라 몸서리가 쳐졌다. 잘사는 집 아이, 겉으로 보기에는 아무런 문제도 없어 보이는 평범한 아이, 열심히 공부하는 아이들 속에 무시무시한 악마(?)가 자란다는 사실에 두려움이 몰려왔다. 그 아이들이 자라나 만들어 낼 세상이 끔찍했다.

　물론 필자도 형석이의 동생이 받을 스트레스와 고통이 어떤지 충분히 안다. 그래도 그렇지, 엄마를 '女ㄴ'이라 부르는 것은 도저히 이해할 수 없었다.

　"너 도대체 왜 가만히 있었어? 동생을 따끔하게 혼내야지."

　형석이는 계속 차분하게 말했다.

　"제 친구들도 그렇게 말하는 아이들이 많아요. 동생은 양반에 속해요."

　형석이 말이 점입가경이다. 갈수록 충격이었다.

　"진짜? 그러면 너도 동생 말에 은근히 동의하는 것 아니야?"

　"그것은 아니에요. 저도 야단은 맞을 만큼 맞았고, 혼도 많이 났지만 엄마를 향해 그런 욕은 안 해요."

　"난 네가 아무렇지 않게 그 말을 받아 넘겼다는 것이 더 놀랍다."

　필자는 마음속으로 고개를 저었다. 형석이가 엄마를 '女ㄴ'이라고 부르는 욕은 안할지 몰라도, 엄마를 향한 분노는 동생보다 심하면 심했지 결코 적지 않으리라는 것을 알기 때문이다. 형석이는 동생보다 더 많이 혼났고 더 많이 스트레스를 받았다. 그런 형석이가 동생보다 스트레스가 적을 리 없다. 단지 표현하지 않을 뿐이다.

　형석이는 자존감이 매우 낮다. 항상 자신을 낮춘다. 자신은 무언가 부족하다고 여긴다. 전교에서 열 손가락 안에 꼽힐 정도로 공부를 잘

하는데도 그렇다. 그렇게 공부를 잘하면서도 친구를 잘 사귀지 못하고, 사람을 대할 줄 모른다. 엄마처럼 자신을 대하는 친구들에게 분노하지 않는다. 자존감은 한없이 추락해 있다. 도대체 저 많은 스트레스를 어떻게 감당하고 사는지 신기할 따름이었다.

오빠 역할을 하라

필자는 형석이가 안타까웠지만 대화는 동생의 말과 형석이의 반응에 맞춰 진행되었다.

"다시 한 번 그런 일 생기면 바로 동생을 때려 줘."

필자는 단호하게 말했다.

"아마 그럼 난리가 날 걸요. 울고불고하면서 저한테 달려들 거예요."

"너는, 오빠잖아."

"평소에 동생이 잘못해도 엄마는 제가 아니라 엄마가 야단을 쳐야 한다고 말씀하세요. 야단치는 것은 엄마가 할 일이지, 제가 할 일이 아니에요."

"그래, 자식을 야단치는 것은 엄마 몫이지. 그러나 이 일은 바로 네가 해야 할 일이야. 엄마는 너에게 생명을 준 분이야. 네가 세상에 존재하도록 해 준 분이야. 그 분이 아무리 부족하다 해도 엄마야. 너희가 싫어하는 말을 하고, 잔소리를 하고, 심하게 야단을 치고, 공부만 강요하는 엄마라도 귀중한 생명을 주신 분이야. 그것 하나만으로 너희는 엄마를 욕해서는 안 돼. 네 동생은 심하게 말하면 패륜아야. 어디 감히 엄마에게 '女ㄴ', '엄마女ㄴ'이라는 욕을 해! 그때는 말이 필요 없어. 다시는 그런 말 못하게 따끔하게 혼내야 해. 감히 어디 엄마에게 욕을 하느냐고, 너에게 생명을 준 분에게 어디 그런 말을 하느냐고 혼을 내. 저항하면 더 때려. 난 학교에서도 체벌은 안 된다고 주장하는 사람이야. 그어떤 체벌도 교육적 효과는 없다고 확고히 믿는 사람이야. 그러나 지금 네 동생과 같은 상황에서는 때려야 해. 그것이 네 동생을 패륜아로 만들지 않는 길이야."

필자는 정말 때려야 한다고 생각했다. 지금도 그 생각에는 변함이 없다.

"엄마가 혼낼 거예요. 저를……."

형석이는 필자의 이야기에 동감은 하면서도 자신이 없었다. 엄마 반응을 두려워했다.

"그때는 이야기를 해야지. '엄마, 애는 정말 맞을 짓을 했어요. 왜 야단맞는지 엄마에게 말할 수는 없어요. 이것은 집안의 맏이로서 훈계를 하는 거예요. 만약 제가 잘못했다고 생각하시면 절 때리셔도 좋아요.

  철학은 엄마보다 힘이 쎄다

그러나 얘는 맞을 짓을 했어요'라고 말해. 당당하게. 그러나 절대 엄마에게 야단맞는다고 해서 동생의 잘못을 일러바치지는 마. 그것은 동생과 엄마 사이를 완전히 갈라놓는 비겁한 짓이니까."

형석이는 가만히 고개를 끄덕였다. 그렇지만 솔직히 그런 상황이 다시 왔을 때 형석이가 필자의 말처럼 행동할 수 있으리라고는 믿지 않았다. 형석이에게는 그럴 만한 힘이 없기 때문이다. 자기 자신에 대한 확신도, 자신감도 없는 형석이가 동생을 야단칠 수 없는 것은 당연했다.

공부 못한다고 야단치는 부모에게

형석이에게 동생을 따끔하게 야단치라고 말하기는 했지만 필자는 솔직히 형석이 엄마를 붙잡고, 아니 형석이네 집처럼 오직 공부에만 자식을 몰아붙이는 엄마들에게 말하고 싶었다. 자신이 자기 자식을 패륜아로 키우는지도 모르는 채 아이들을 학습 기계로 만들고, 공부를 못한다고 심하게 야단치고, 때로는 공부 못했다는 이유만으로 매를 드는 부모들에게 따지고 싶은 마음이 울컥 솟아났다.

필자는 부모가 아이를 야단쳐야 한다고 믿는다. 잔소리도 많이 해야 한다고 믿는다. 자녀가 옳은 길로 가게 하기 위함이다. 정말 야단맞을 짓을 했을 때는 야단을 쳐야 한다. 남에게 피해를 주면서도 아무런 양

심의 가책을 느끼지 않는 자녀는 따끔하게 혼내야 한다. 웃어른들을 몰라보고 예의 없이 구는 아이는 따끔하게 훈계를 해야 한다. 필자는 그렇게 믿는다.

그러나 공부를 못했다는 이유만으로 아이들을 몰아붙이는 것은 절대 반대다. 그것은 도덕성의 문제가 아니라 능력의 문제다. 능력을 이유로 야단을 치는 것은 정당하지 못하다. 청소년은 공부하는 기계가 아니다. 자식의 공부 능력이 떨어진다고 야단치는 것은 자식을 공부 기계, 아니 공부 노예로 취급하는 행위다. 그래서 반대다. 자식이 능력이 부족하다고 야단치는 부모라면 난 그 부모는 부모 자격증을 박탈당해야 한다고 믿는다.

지금, 공부를 못한다는 이유로—불성실하다는 이유도 마찬가지다. 그것은 겉으로 드러난 이유일 뿐이다. 문제의 핵심은 성적이라는 것을 다 알지 않는가?—아이들을 야단치고 있다면 잘 생각해 보기 바란다. 그렇게 해서 공부를 잘하게 된 아이가 장차 무엇이 될지? 직업을 묻는 것이 아니다. 어떤 사람이 될지, 부모를 어찌 대하게 될지 생각해 보라는 것이다.

부모의 힘이 약해졌을 때, 과연 그 아이는 어떻게 할까? 부모를 학대

철학은 엄마보다 힘이 쎄다

하지 않을까? 부모를 야단치는 자식이 되지 않을까? 조금 무서운 상상이기는 하지만 때로는 부모를 해치는 패륜아가 되지는 않을까?

우리 조상들은 패륜아를 찢어 죽일 놈이라고 했다. 사지를 찢어서 죽여야 할 정도로 나쁜 놈이라는 뜻이다. 지금 공부 못한다고, 성적이 낮게 나왔다고 아이를 야단치고 있다면 잘 생각해 보기 바란다.

혹시 당신의 자녀가 저 깊은 마음속으로 엄마를 '엄마女ㄴ'이라 부르고 있지는 않는지. 자녀가 원하는 것은 사랑과 관심인데, 오직 공부 기계로만 만들고 있지는 않은지. 늙어서 후회하지 않으려면 잘 키워야 한다. 부모에게 해를 끼치는 자식은 만들지 말아야 하지 않겠는가?

나는 잘난 사람이야!

"너한테 숙제가 있어. 다음 주까지 네가 잘났다고 생각하는 점을 10가지만 써 와."

형석이에게 숙제를 내 주었다. 워낙 자신감이 부족한 아이라서 10가지를 써 올 수 있을지 걱정까지 하면서 말이다. 형석이는 그러겠다고 했다. 그러고는 다음 주에 정말 10가지를 써 왔다.

"전 공부를 잘해요. 전 책을 많이 읽었어요. 전 논리가 뛰어나요. 전 성실하게 공부해요. 전 진짜 친구가 있어요. 전 나쁜 짓은 양심에 꺼려서 안 해요. 전 소설을 좋아해요. 전 글을 잘 써요. 전 책상 정리를 잘해요. 전……. 아, 이것은 자랑이 아니네. 죄송해요. 잘못 썼어요.”

“넌 사과를 잘해.”

필자가 웃으며 말했다.

“맞아요.”

형석이가 웃었다.

“그리고 지금 상황에서 네가 나에게 사과할 이유는 아무것도 없었어. 뭐 그렇게 내 기분, 내 상황을 신경 쓰니? 너만 신경 써.”

“자꾸 습관이 돼서…….”

“사과 받을 일도 아닌데 사과 받으면 부담스러워. 정말 사과해야 할 때 사과하고, 평상시에는 남이 아니라 네 감정과 네 상황에 더 충실해.”

“알겠습니다.”

형식이 목소리가 밝아졌다.

“다음 주도 같은 숙제야.”

“또요?”

“그럼 계속 써! 너는 장점이 정말 많아. 그것을 모두 발견하고 나면, 지금보다 훨씬 당당한 네가 될 거야. 솔직히 너처럼 잘 난 녀석이 얼마나 되겠냐?”

철학은 엄마보다 힘이 쎄다

욕, 그럴 만한 사람에게만 하자

영화 〈황산벌〉을 보면 신라군과 백제군이 욕으로 대결을 펼치는 장면이 나온다. 먼저 신라군이 선공을 취하는데 요즘 우리가 흔히 쓰는 욕을 억센 경상도 사투리에 섞어서 토해 낸다. 신라군이 토해 낸 욕을 듣는 백제군 중 일부는 심한 충격을 받지만 대부분 시큰둥한 반응이다. 이제 다음 순으로 백제군의 욕이 시작되는데 그야말로 장난이 아니다. 백제군이 쏟아 내는 욕은 수준이 다르다. 신라군의 욕은 백제군의 욕에 비하면 어린애 장난이었다. 백제군의 욕은, 욕도 수준 높은 문학이 될 수 있음을 보여 주는 경지다. 여기에 백제군이 쏟아 낸 욕을 소개하고 싶지만 사정상 참는다. 궁금한 사람은 직접 황산벌을 보기 바란다. 아무튼 백제군의 욕을 들은 신라군은 무참히 패배한다.

주위에 욕이 넘친다. 특히 청소년들 사이에 욕 문화가 널리 퍼져 있다. 욕을 하지 않으면 말이 되지 않을 정도다. 욕도 아무 때나, 아무에게나 쏟아 낸다. 그래서 요즘 쓰는 욕은 그냥 습관이다. 욕에도 격이 있고 문화가 있는 법인데 오늘날 욕은 격도, 문화도 없고 그저 아무런 생각 없이 쏟아 내는 언어 폭력일 뿐이다.

욕의 역사

요즘의 욕은 보통 성적인 수치심을 유발하거나, 낮은 수준의 동물에 빗대는 식이 많다. 그러나 조선시대 때 욕은 주로 형벌과 관련된 욕이었다. 조선시대의 형벌은 오늘날과 달리 때리거나 상처를 가하는 것과 같은 신체 형벌이 많았는데, 욕은 바로 이 신체에 가하는 징벌에서 나온다. 조선시대 욕을 정리하면 다음과 같다.

우라질 놈 : 죄수를 묶는 오랏줄에서 온 말로, '오랏줄로 묶을 놈'이라는 뜻이다.

치도곤 놓을 놈 : 치도곤은 '패는 형벌'이다. 치도곤은 무자비하게 때리

철학은 엄마보다 힘이 쎄다

는 형벌인데 심하면 죽기도 했다. 치도곤 놓을 놈이란 '때려죽일 놈' 정도가 된다.

젠장할 : 무자비하게 때리는 난장에서 나왔다. 난장은 고문의 하나인데 신체 부위를 가리지 않고 마구잡이로 여러 명이 달려들어 때리는 것을 말한다. 오늘날 학생들은 이를 '다굴'이라고 한다. '제기, 난장 맞을'이 줄어서 '젠장할'이 되었다.

능지처참할 놈 : 능지처참이란 천천히 죽음의 고통을 맛보게 하면서 사형을 시키는 형벌이다. 정말 잔인한 형벌이다. 따라서 능지처참할 놈은 가장 잔인한 욕이다.

육시랄 놈 : 몸을 갈가리 찢어서 죽이는 것이다. 오늘날로 하면 '찢어죽일 놈' 정도다. 역시 잔인한 욕이다.

조선시대의 욕은 이처럼 몸에 해를 가하는 징벌과 관련이 많았고, 그렇게 징벌을 받을 만한 사람에게 가해지는 것이 바로 욕이었다. 도덕적으로 비판받아 마땅한 사람에게 욕을 했고, 그 욕이란 것도 욕을 하는 사람이 욕을 할 만한 자격이 있어야 했다.

마을의 나이 지긋한 어른이나 윗사람이 아랫사람의 행동이나 말이 예의에 어긋날 경우 욕을 했던 것이다. 평소에는 점잖게 타이르지만 그래도 안 들을 때는 낮은 수준의 욕을 했고, 정말 비난을 받아도 마땅한 큰 잘못을 했을 경우 매우 심한 욕을 했다. 그래서 당시에는 욕에도 품위가 있고 격이 있었다. 물론 어느 시대에나 다 그렇듯이 모두가 욕을 품위 있게 사용한 것은 아니었다.

욕을 할 자격을 갖추자

그러던 것이 식민지 시대와 전쟁, 치열한 경제 개발 과정을 거치면서 욕이 거칠어졌다. 삶이 거칠어지면 말도 거칠어지기 마련이다. 특히 오늘날 학생들은 치열한 경쟁 교육에 내몰리다 보니 욕을 입에 달고 산다. 청소년들이 욕을 많이 하는 것은 결국 청소년들의 삶이 그만큼 거칠고 힘들다는 뜻이다.

욕을 줄이기 위해 아무리 언어 순화 운동을 하고, 도덕을 강조해도 소용이 없다. 욕을 하는 사람은 그만큼 분노가 많고, 화가 많은 사람이다. 분노와 화가 많은데 욕을 하지 말라는 것은 속으로 분노와 화를 삭이라는 말이고, 이는 그 사람을 죽이는 일이다. 결국 화와 분노를 표현할 방법이 없다면 욕이라도 해야 한다.

그래도 요즘 청소년들의 욕은 조금 심하다. 욕은 원래 욕을 할 만한 자격이 있는 사람이 욕먹을 만한 사람에게 하는 것이다. 최소한 이것은 지키려고 노력해야 하지 않을까 싶다. 예수님은 창녀에게 돌을 던

철학은 엄마보다 힘이 세다

지는 사람들 앞에 나아가 '누가 이 여인에게 돌을 던지랴'하며 비난할 자격이 있는 사람만 돌을 던지라고 했다. 그러자 아무도 돌을 던지지 못했다. 나는 진정 욕을 할 만한 자격이 있는 사람인지 생각해 볼 일이다. 내가 욕을 할 자격을 갖춘 후에 욕먹을 만한 사람에게 욕을 하자. 그때는 영화 〈황산벌〉의 백제군처럼 정말 문학적으로 완성도 높은 멋진 욕을 퍼부어 주자. 아주 시원하게!

화장실에서 찾은 기쁨

　　"으! 춥다" 소리가 절로 나오는 강추위에 상수도가 얼었다. 경치 좋은 시골에 사는 것은 좋은데 날이 추워지면 살기 힘들다. 기름값이 비싸서 보일러를 끄고 나갔고, 물을 틀어 놓고 간다는 것을 깜빡 잊었으며, 그리고 그해 겨울 들어 가장 추운 날이었다는 이유가 겹쳐서 수도가 얼어 버렸다. 상수도뿐만이 아니다. 세탁기를 돌리다 물이 얼어붙어서 부엌 하수도까지 막혀 버렸다. 그야말로 위와 아래가 꽉 막힌 셈이다. 그때부터 전쟁이 시작됐다. 밥은 이웃집에 부탁해서 먹어야 했다. 수도가 얼고 나니 화장실을 사용할 수 없었다. 작은 것은 시골이라

　　　　　　　　　　　　　　철학은 엄마보다 힘이 쎄다

바깥에서 해결했지만, 큰 것은 꾹 참았다가 다른 데서 해결했다. 그나마 아내는 멀리 인도로 여행을 가고, 아들은 상하수도가 얼어붙은 첫날 도보 여행길을 떠나서 혼자 고생하는 것이 다행이었다.

옆집에서 히터기를 빌려다 돌렸지만 꽁꽁 얼어붙은 상수도는 꼼짝도 안했다. 결국 씻지도, 먹지도, 마시지도 못하는 집에서 나흘 동안 고생했다. 닷새째 되는 날, 약간 날이 풀렸다. 물론 여전히 추웠지만 조금 덜했다. 그날 필자는 비장의 카드를 꺼냈다. 상하수도 설비의 구조를 전체적으로 파악한 뒤, 얼어붙은 곳이 어디인지 예상을 했다. 그 장소를 감싸는 구조물을 만들고, 비닐을 쳐서 완전히 밀폐된 공간을 만들었다. 그리고 그 안에 나무 난로를 설치했다. 작년에 집안에 두었다가 연기 때문에 사용하지 않는 나무 난로였다. 밀폐된 공간에서 나무를 태우자 밀폐된 공간은 엄청난 열기에 휩싸였다. 그러나 안타깝게도 출근하려는 그 시간까지 얼어붙은 상하수도는 풀리지 않았다.

퇴근 뒤에 물을 틀었지만 여전히 물은 나오지 않았다. 절망하고 역시 물 몇 잔으로 밤을 버티고, 밖에서 작은 것을 해결해야겠다며 한숨을 쉬고 있었다.

밤 9시!

소리가 들렸다. 물소리였다. 분명 물소리였다. 벌떡 일어나 화장실로 달려가 보니 물이 나오고 있었다. 적은 양이었지만 분명 수도꼭지

에서 물이 나오고 있었다. 처음에는 약하게, 시간이 지나자 세차게 쏟아져 나왔다. 와우~!

바로 신세지던 이웃 친구에게 전화를 했다. 필자의 목소리가 어찌나 신나게 들렸는지 이웃 친구도 덩달아 기뻐했다.

"어허! 이제 화장실을 사용할 수 있어. 이것이 이렇게 기쁘고 행복한 일인 줄 몰랐네."

추운 밤 화장실을 이용하기 위해 옆집 대문을 두드리지 않아도 되고, 씻고 싶을 때 씻고, 마시고 싶을 때 물을 마시는 것이 너무 행복했다. 얼지 말라고 틀어 놓은 수도꼭지에서 물이 졸졸 흐르는 소리가 행복이 흐르는 소리처럼 들렸다.

"참, 행복이란 것이 별거 아니네."

맞다. 행복은 별거 아니다. 작은 생각의 변화만으로도 행복은 가슴 가득 넘치게 차오른다. 행복은 크고 특별한 것에서 오지 않고, 작고 평범한 것에서 온다.

일상의 기쁨

　필자가 겪은 일을 아이들에게 이야기했더니 너도나도 비슷한 경험을 이야기했다. 특히 아픈 이야기가 많았다. 건강할 때는 모르다가 아프고 나면 건강하게 세 끼 밥 먹고, 움직이는 것이 그렇게 기쁠 수 없다는 것이다. 물론 그 기쁨이 오래 가지 않고 사그라지는 것이 문제지만 말이다. 아무튼 기쁨이란 슬픔의 상대적 개념이다. 결국 슬프고 힘들고 괴로워야 기쁨도 커진다. 그냥 늘 기쁘면 기쁘기 어렵다. 그래서 젊어 고생은 사서도 한다는 말이 있나 보다.

　필자의 주위에서 배낭여행을 힘겹게 다녀오거나, 도보 여행을 다녀온 청소년들이 아주 성숙해져서 나타나는 것을 가끔 본다. 도대체 무엇이 천방지축 철이 없었던 청소년을 성숙하게 만들었을까 생각해 보면 크게 두 가지다. 하나는 고생 그 자체다. 고생을 하면 어려움을 이겨내는 힘이 생기고 멋져 보인다. 다른 하나는 일상의 소중함을 느꼈기 때문이다. 고생하면서 지내다 보니 편안한 일상이 얼마나 소중한지 깨닫고 철부지 행동을 벗어 던지는 것이다.

　해병대 캠프에 다녀온 희정이는 경험을 이렇게 이야기했다.

　"정말 죽어라고 고생했거든요. 10m 높이에서 뛰어내리고, 추운 바다에 들어가서 추위를 이겨내야 했고…… 말도 못하게 고생했어요.

그렇게 고생하니까 아이들이 완전히 변한 거 있죠. 중간에 부모님께 편지 쓰는 시간이 있었는데 다들 죄송하다, 사랑한다 이런 말을 잔뜩 썼어요. 실제로 정말 태도가 바뀌어서 열심히 공부하는 아이들도 많았고요."

"고생이 사람 만들었군. 그런데 오래 못 간다는 것이 문제야."

"맞아요. 편안해지면 고생했던 경험 금방 잊고 다시 원래대로 돌아가 버리죠. 히히."

일본 대지진을 겪은 수많은 일본인들은 지진이 일어나기 전의 작은 일상이 얼마나 고맙고 행복한 것이었는지 절실히 깨달았다고 한다. 다시 그 시절로 돌아갈 수만 있다면 행복하겠노라고 이구동성으로 말한다. 솔직히 행복이란 특별한 것이 아니다. 일상에서 고마움을 느끼면 그것이 곧 행복이다.

우리는 가족의 소중함을 잘 모른다. 너무나 일상적으로 가족과 함께하는 삶을 누리기 때문이다. 일상에서는 전혀 감사하지 못하다가 가족을 잃어버린 뒤에야, 가족 관계가 완전히 틀어져 버린 뒤에야 그 소중함을 깨닫는다. 아빠를 하늘나라로 보내고 너무 울어서 눈물이 말라 버렸던 제자의 모습이 생생하게 떠오른다. 그 처연한 표정이 아직도 생생하다. 그 슬픔, 상실감, 다시는 아빠와 함께 할 수 없다는 박탈감은 무엇으로도 채워지지 않을 듯 보였다.

 철학은 엄마보다 힘이 쎄다

"아빠와 함께 한 시간이 얼마나 행복한 시간이었는지 그때 미처 깨

닫지 못했다는 것이 지금 제일 후회스러워요."

가치, 정말 귀한 것은 무엇인가?

있을 때는 소중함을 모른다.

없어져 봐야 소중함을 알게 된다.

어떤 것이, 어떤 사람이 소중한지, 소중하지 않은지를 알고 싶다면

그것이, 그 사람이 없을 때 내가 어떨지를 생각해 보면 된다.

가치란 있음에서 드러나지 않고 없음에서 드러난다.

다이아몬드는 가장 귀한 보석이다.

있으면 빛나고 자랑스러우며 가치가 있다.

그러나 다이아몬드가 없어졌다고 해서 변하는 것은 없다.

조금 아쉬울 뿐.

공기는 흔하다.

있다고 해서 특별히 자랑스러울 것도, 귀하다는 생각도 없다.

그러나 공기가 없어지면 생명은 없다.

그래서 다이아몬드보다 공기가 훨씬 소중하고 귀하다.

사람도 마찬가지다.

자신에게 아부하는 사람, 떠받들어 주는 사람은 있을 때 가치 있어
보인다.

하지만 그런 사람이 사라졌다고 해서 아쉬움이 들지 않는다.

가족은 있을 때는 소홀하다.

하지만 가족이 사라지면 그 상실감과 그리움은 이루 말할 수 없다.

그래서 나에게 아부하는 사람보다 가족이 더 소중하고 가치 있다.

있음을 보지 말고 없음을 봐야 한다.

가치는 있음에 없고, 없음에 있다.

공부

: 생각하기가 필요한 이유, 생각하기가 즐거운 이유

: 질문을 잃어버린 학생은 어떻게 탄생하는가?

: 쉬운 공부가 아니라 힘든 공부를 해야 하는 이유

'힘들게 생각하기'가 주는 즐거움

주희는 똑똑하다. 별로 공부를 열심히 하지 않는데도 성적은 제법 잘 나온다. 공부를 열심히 하지 않는 대신 주희는 즐겁게 지내는 것을 추구한다. 주희에게는 재미있는 생활이 그 무엇보다 중요하다.

재미를 중요하게 여기다 보니 익숙한 것보다는 새로운 것을 선호하고 호기심이 많다. 학년이 올라가고 며칠 뒤 주희를 만났다.

"친한 친구랑 같은 반이 되었는데 싫어요."

"그것이 왜? 그 친구가 싫은 것은 아니잖아?"

"물론 그 친구랑은 친하고, 같이 있는 것은 좋아요. 그렇지만 이미

친한 친구가 있으니 새롭게 친구를 사귀기 어렵잖아요. 전 그냥 익숙한 만남을 계속하기보다 새로운 만남을 기대했다고요. 새롭게 친구를 사귀고 생활에 변화도 많이 생겨야 새 학년을 다니는 재미가 생기죠. 누구와 친해질까? 이번에는 어떤 일이 벌어질까 잔뜩 기대하고 생활해야 재미가 있어요.”

“그렇구나. 너처럼 생각할 수도 있구나.”

어려운 문제와 만나다

개인적인 이야기를 마치고 책을 읽고 이야기를 나누었다. 『소설로 만나는 중세이야기』(귄터 벤텔레)는 역사를 딱딱한 서사가 아니라 재미있는 이야기로 풀어낸 역사 소설이다. 그 중에서 중세 기독교적 사고방식이 잘 표현된 ‘묵시록의 기사들’편을 보면 원의 성질을 이용하여 영혼의 존재를 증명하는 논리가 나온다. 조금 복잡하고 어려운 논리지만 정리하면 다음과 같다.

원은 한 점에서 같은 거리에 있는 점을 이은 도형이다. 만약 원 하나를 그린 뒤에 태워버리면 원은 사라진다. 그러나 원이라는 개념이 존재하는 한 원은 언제든지 그릴 수 있다. 따라서 원의 개념이 있는 한 원은 영원하다. 이를 신과 영혼, 인간 생명으로 확장시킬 수 있다. 인간의 생명은 유한하다. 실제로 그려진 원이 불에 타 사라질 수 있는 것처럼 인간 생명은 언제든지 없앨 수 있다. 그러나 원의 개념이 있으면 원을 그릴 수 있듯이, 신이 우리의 영혼을 기억하면 우리는 영원히 존재하는 것이다. 따라서 우리의 육신이 죽는다 해도 우리는 죽는 것이 아니다. 신이 우리를 기억하는 한 우리는 영원하며, 신의 기억이 바로 우리의 영혼이다. 우리가 원의 개념을 기억하듯이, 신은 우리를 기억한다. 따라서 우리의 생명은 유한하지만 우리의 영혼은 영원하다. 이 말을 간단한 표로 정리하면 다음과 같다.

인간－원의 개념－실재하는 원

신－신의 기억(영혼)－실재하는 인간

청소년 수준에서 웬만큼 논리력이 뛰어나지 않으면 이 논리를 이해하는 것조차 쉽지 않다. 대부분 자세히 설명해야 알아듣는다. 주희도 어렵게 이 논리를 이해했다. 완전하게는 아니지만 어떤 논리인지 핵심을 이해했다.

"이 논리는 과연 타당할까?"

필자가 주희에게 질문을 던졌다.

힘들게 생각하기는 싫어

주희는 언뜻 한 번 생각해 보고 곧바로 투덜거렸다.

"전 머리 아픈 거 싫어요. 이것은 스트레스를 줘서 제 키가 크는 것을 방해할 거예요. 그래서 안 할래요."

"힘들게 생각하는 것이 재미가 없나 보구나."

"당연하죠. 누가 힘들게 생각하는 것을 좋아하겠어요."

"생각하기를 해야 해. 넌 머리가 매우 좋아. 그런데 오래 어떤 생각을 붙잡고 있으려고 하지 않아. 그럼 네 머리가 지닌 능력을 제대로 사용하지 못해. 머리를 제대로 쓰려면 즐거운 생각뿐만 아니라 힘겨운 생각을 붙잡고 오래 버티는 힘을 길러야 해. 어려운 과제, 벅찬 과제를 붙들고 힘겨움을 이겨내는 끈기가 필요해. 끈기 있게 어려운 생각을 붙잡고 있는 사람, 얼마가 걸리든 해결될 때까지 생각하기를 멈추지 않는 사람, 그런 사람을 우린 천재라고 불러."

네 말을 듣자 주희는 고개를 끄덕였다.

"듣고 보니 오래 생각하기, 힘들게 생각하기가 필요하다는 것은 인정해요. 하지만 전 즐겁고 유쾌한 삶을 추구하기 때문에 굳이 애써서 어렵고 힘든 생활로 빠져드는 것을 선택하기 싫어요."

주희는 힘들게 생각하기는 재미없는 것이라고 여겼다. 주희가 어려운 문제를 붙잡고 있게 하려면 '어려운 문제를 붙들고 생각하기는 힘들다'는 고정관념을 깨 줄 필요가 있었다.

"혹시 무언가에 푹 빠져서 시간 가는 줄 몰랐던 기억은 없니? 분명 있을 텐데……."

무언가에 푹 빠지는 즐거움

주희는 곧 그런 기억을 떠올렸다.

"제가 초등학교 5학년 때 아침 독서 시간에 책을 읽는데, 어찌나 깊이 빠져서 읽었던지 선생님이 들어오신지도 몰랐어요. 어느 순간 정신을 차리고 보니 수업이 한참 진행되고 있더라고요."

"야, 정말 책에 깊이 빠져 들었나 보구나."

"어, 그리고 보니 또 있었어요. 중학교 1학년 때 시험 기간이었어요. 다음 날 국어 시험이었는데 국어를 전혀 공부 안 했거든요."

"벼락치기를 했겠네."

"맞아요. 학교 다녀오자마자 국어 참고서를 붙잡고 들여다봤어요. 정말 잡생각은 하나도 하지 않고, 화장실 가는 것조차 잊고, 밥 먹는 것도 잊은 채 국어 공부에 빠져들었죠. 중간에 엄마가 뭐라고 말씀하셔서 밥을 먹기는 했는데, 그 순간에도 국어 참고서를 들여다봤고, 조금 지나서는 내가 밥을 먹었는지 안 먹었는지 기억이 나지 않을 정도였어요. 그렇게 정말 온 정신을 집중하여 공부를 했지요.”

“와, 대단하네. 그래서 시험 잘 봤어?”

“그럼요. 만점을 맞았어요.”

“맞아. 내가 말하는 것이 바로 그거야. 머리가 좋다는 것은 집중을 잘한다는 의미지. 네 말을 들어보니 넌 그런 재능이 충분해. 지금 넌 즐거운 걸 좋아해. 당연히 좋아해야지. 새롭고 신나는 일을 끝없이 찾아가는 네 삶이 부러워. 멋진 거야. 그리고 너한테는 생각을 깊게 하는 연습이 필요해. 깊은 생각은 힘든 것이 아니야. 책에 빠져든 것처럼, 국어 공부처럼 즐거운 일이야.”

“그러고 보니 지난 주에도 그런 일이 있었어요. 저는 피아노 치는 것을 좋아하거든요. 마음에 드는 곡이 생기면 제대로 칠 때까지 계속 연습해요. 계속 연습하다 보면 손가락이 아플 때도 있는데, 그러면 잠시 쉬었다가 다시 해요. 일주일 내내 한 곡을 연습했어요. 엄마 아빠는 제발 그만치라고 난리죠. 지겹다고. 다른 곡을 치라고. 그런데 전 그것이 재미있어요. 한곡을 계속 치는 재미에 빠져들면 정말 즐겁거든요.”

“멋지다. 그리고 놀랍다. 피아노와 같은 음악, 그림 그리기와 같은 미술, 놀이와 같은 체육은 집중력을 오래 끄는 연습을 하는 데 큰 도움이 돼. 자연스럽게 집중력을 키워 주지. 넌 하나에 빠져드는 데 재능이 있네.”

자신이 하나에 푹 빠져들 때 즐거움을 크게 느낀다는 것을 깨달은
주희는 곧 마음을 고쳐 먹었다.

“해 볼게요.”

주희는 어려운 문제를 붙들고 씨름해 보겠다고 했다.

“아마 엄마, 아빠를 많이 괴롭혀야 할 거예요. 아빠는 이런 이야기
좋아해요. 엄마는 싫다고 하겠지만, 제가 끝까지 물어보면 아마 이야
기를 할 거예요. 오빠는 뭔 소리야? 하면서 떨어져 나가겠지만. 아무튼
일주일 동안 고민해 볼게요.”

“좋은 생각이야. 물어보기도 하고, 혼자 생각해 보기도 하렴. 그런
다음, 생각을 글로 정리해 봐. 좋은 경험이 될 거야. 생각을 깊이 하는
것은 생각보다 참 재미있는 일이야. 힘들지만은 않다는 것을 알게 될
거야.”

“결심은 했지만 솔직히 어두운 일주일이 될지도 몰라요.”

“어두울지, 밝을지는 경험해 보면 알 거야.”

 철학은 엄마보다 힘이 쎄다

생각에 빠져들기는 왜 필요한가?

많은 학생들이 깊이 생각하지 않는다. 솔직히 학교 공부량이 너무 많아서 깊이 고민할 시간도 없다. 그냥 외우고, 문제 풀고, 시험 보는 데 바빠서 생각할 여유를 누리지 못한다. 그러니 생각에 빠져들 기회도 없고, 깊은 생각에 빠져들어서 얻는 기쁨도 누리지 못한다. 그저 생각하기는 어려운 것이고, 귀찮은 것이라고만 여긴다.

그래서 어떤 행동의 이유를 물으면 청소년들이 가장 많이 하는 말이 '그냥'이 되는 것이다. 생각하기 귀찮으니 그냥이라고 말해 버린다. 생각하기 귀찮으니 막무가내로 행동하기도 한다. 행동한 뒤에도 책임지지 않는다. 모두 생각하기를 할 줄 몰라서고, 생각할 여유를 누리지 못해서다. 생각하기에 빠져들지 못하고, 생각하기를 즐기지 못하면 공부를 진짜로 잘하기도 힘들다.

생각하기 연습을 해야 한다. 이유를 찾아야 한다. 한 문제를 깊이 있게 고민하게 해야 한다. 한 분야의 책을 읽으면 끝까지 파고드는 경험과 피아노든, 미술이든 하나의 작업을 위해 모든 에너지를 집중하는 경험도 필요하다. 또한 신나는 몸 놀이를 대여섯 시간씩 푹 빠져서 하는 경험도 필요하다.

해 보면 알겠지만 '깊이 빠져들어 생각하기'도 다른 몰입과 마찬가지로 정말 즐겁다. 인간이 누릴 수 있는 최고의 기쁨을 선사하는 것이 '몰입해서 생각하기'다.

• • •
내일 뭐입지..

생각하기는 하나의 문제, 하나의 고민을 두고 깊이 사색하는 과정이다. 계속, 끝없이 고민하는 과정에서 머리가 깨어나고, 생각이 깊어진다. 생각이 깊은 청소년은 무책임한 행동을 하지 않는다. 자기 행동의 결과가 무엇일지 알기 때문에 함부로 행동하지 않는다. 공부도 잘한다. 끈질기게 문제를 붙들고 늘어지고, 궁금한 것을 파고들기 때문이다.

친구 아들에게 수학을 가르칠 때였다. 여러 번 풀었는데도 또 못 풀기에 한 문제를 붙잡고 계속 고민하게 했다. 한 시간 동안 내내 고민을 했다. 그런데도 혼자서 풀어내지 못했다. 늦은 밤이 되어서 필자는 집으로 가야만 했다. 필자는 집으로 가면서 그 문제를 계속 풀라고 했다. 해결하지 못하면 잠자리에 들지 말라고 했다. 오늘 밤에 풀지 못하면 내일도 계속 어떻게 풀어야 할지 생각하라고 했다. 오직 자신의 머리로만 고민하라고 했다. 집에 와서 씻고 옷을 갈아입는데 문자가 왔다. '어떤 사람이 떠난 지 12분이 지나니 문제가 풀리더군요' 문제를 푼 사진도 함께 왔다. 난 축하한다고 답장을 보냈다. 문자가 다시 왔다. '아

철학은 엄마보다 힘이 쎄다

인슈타인이 상대성원리를 발견했을 때 기쁨이 무엇인지 알 것 같아요'

'생각하기'는 즐겁다

"생각보다 재미있었어요."

그 다음 주에 주희와 다시 만나자 마자 주희가 말을 꺼냈다. 그러면서 자신이 고민해서 정리한 내용이라면서 글 한편을 내밀었다. 매우 긴 글이었다. 책에 나온 논리의 요점을 정리한 뒤 논리의 타당성을 검토한 글이었다. 매우 긴 글이기 때문에 여기에 소개하기는 어렵지만 주희가 내린 결론을 간단하게 요약하면 다음과 같다.

"논리는 그럴 듯하지만 논리적인 연관성이 없다. 이 논리는 하나의 신념을 논리로 포장한 것일 뿐이다."

주희는 원을 통한 영혼의 존재 증명이 지닌 문제점을 자기만의 논리로 명확히 짚어냈다. 그리고 생각하는 즐거움도 깨달았다. 그래서 또 그날 어려운 문제를 내 주었다. 생각하는 재미에 한 번 빠져들면 거기서 빠져 나오기 쉽지 않다. 왜냐하면 너무나 재미있기 때문이다.

데카르트와 아인슈타인,
생각의 힘

어떤 지식을 길게 설명한 뒤 정리할 때 학생들이 보이는 반응은 크게 네 가지다. 첫 번째 그룹에 속하는 학생은 설명이 끝나면 이미 모든 것을 스스로 정리한다. 이런 학생들은 굳이 잔소리를 하지 않아도 스스로 정리한다. 지식을 적극적으로 받아들이려고 한다. 또한 설명을 듣는 즉시 이해하는 능력을 갖추고 있다. 그러기 때문에 별도로 정리해 주지 않아도 알아서 자기 머리로 정리한다.

두 번째와 세 번째 그룹에 속하는 학생은 설명이 끝나면 별도로 정리해 달라고 요구한다. 이런 학생들은 지식을 적극적으로 받아들이려

철학은 엄마보다 힘이 쎄다

는 적극성은 갖추었지만 스스로 정리하는 능력이 부족하다. 그래서 별도로 정리하는 문장을 말해 주어야 핵심을 정리한다. 두 번째 그룹과 세 번째 그룹이 다른 점은 정리하는 능력이다. 두 번째 그룹은 한 번 문장으로 말해 주면 바로 받아 적지만, 세 번째 그룹은 문장을 여러 번 말해 주거나 천천히 들려주어야 받아 적는다. 두 번째는 내용을 나름대로 이해하기 때문에 자기 문장을 쓸 힘이 있지만, 세 번째는 이해력이 부족하기 때문에 하나씩 받아쓰기를 하려고 한다.

네 번째 그룹에 속하는 학생은 별도로 정리하라고 시켜도 잘하지 않는다. 당연히 들은 내용에 대해 관심도 없고 정리할 능력도 없다. 이런 학생들은 억지로 공부하기는 하지만 남는 것이 없다. 시험을 위해서 억지로 외우기는 하지만 자기 것으로 전혀 소화를 하지 못한다.

학생들이 설명을 듣고 정리하는 모습만 보아도 학교 성적이 어떨지 대충 짐작할 수 있다. 첫 번째 그룹에 속한 학생이 가장 성적이 좋고, 두 번째, 세 번째 그룹이 그 다음이며, 네 번째 그룹이 가장 아래다. 첫 번째 그룹이 생각하는 힘이 가장 좋고, 그 아래로 내려갈수록 생각하는 힘이 떨어지며, 네 번째 그룹은 생각하는 힘 자체가 거의 없다. 네 번째 그룹에 가까울수록 '그냥'이라는 말을 많이 하고, '공부하라'는 잔소리를 많이 듣는다.

생각이 인간의 본질이다

서양의 유명한 철학자 데카르트는 '나는 생각한다. 고로 나는 존재한다' 하였다. 데카르트의 이 말은 아주 심오한 철학적 의미를 담고 있기 때문에 어렵게 여기면 한없이 어렵지만 간단히 정리하면 '생각할 줄 모르면 인간이 아니다'라는 뜻이다. 그러고 보면 생각이야말로 가장 인간다운 모습이다. 그 어떤 존재와도 구별되는 지적 생명체, 진리와 지혜를 구하기 위해 애쓰는 생명체, 그것이 바로 인간이다. 어쩌면 그래서 성경에 인간이 신의 형상을 닮았다고 했는지도 모른다.

데카르트가 인간의 본질을 생각에서 찾았다면 아인슈타인은 생각이 지닌 힘이 얼마나 엄청난지 보여 준다. 20세기 최고의 과학이며, 인류 역사상 가장 위대한 진리로 꼽히는 상대성이론은 오직 아인슈타인의 머릿속에서 탄생했다. 그 어떤 실험도 하지 않았고, 그 어떤 학자의 도움도 받지 않았다. 오직 빛에 대한 궁금증을 끝없이 탐구해 나간 끝에 생각만으로 위대한 진리를 발견해 낸 것이다. 인류 역사상 가장 위대한 진리가 단지 한 사람이 끊임없이 생각하고, 생각한 끝에 생각만으로 발견해 냈다는 사실은 생각이 얼마나 위대한 힘을 지녔는지 잘 보여 준다. 아인슈타인은 생각의 힘으로 우주의 진리를 꿰뚫었다.

자꾸 생각해야 똑똑해진다

위에서 예로 든 네 그룹 중 첫 번째 그룹을 제외한 모든 학생들은 대부분 생각하기를 싫어한다. 자기 머리로 고민하고, 자기 머리로 이해하고, 자기 머리로 정리하는 능력이 부족하다. 생각하는 힘이 부족하기 때문에 공부를 아무리 많이 해도 성적이 오르지 않는다.

우리는 흔히 공부를 못하면 '머리는 좋은데 노력을 안해서'라고 말한다. 하지만 그것은 일부의 진실일 뿐이다. 공부를 못하는 것은 대부분 생각하는 힘이 부족하기 때문이다. 생각하는 힘이 부족한 학생을 우리는 멍청하다고 한다. 따라서 공부를 못하는 것은 멍청하기 때문이다.

공부를 잘하고 싶다면 생각하는 힘을 길러야 한다. 생각하는 힘은 생각을 자꾸 하면 자연스럽게 커진다. 타고난 IQ와 생각하는 힘은 별 연관성이 없다. 그러니 머리가 좋아지고 싶다면 자꾸 생각해야 한다. 생각은 습관이다. 생각하는 습관을 가지면 똑똑해진다.

궁금증이 없다는 것이 이상하지 않니?

정훈이랑 역사 수업을 할 때였다. 그 전에 내 준 문제를 역사책을 읽고 풀어오면 그것으로 이야기를 나누는 것이었는데 제법 잘해왔다. 책을 제대로 읽고, 이해를 했다고 여겼다. 중국의 명나라, 청나라 시기에 관한 이야기를 나누다가 '관영 수공업'이라는 말이 나왔다. 정훈이가 답지에 직접 쓴 말이었는데 혹시 몰라서 무슨 뜻인지 물었다. 당연히 알 것이라고 생각했다.

"관영 수공업이 뭔지 몰라?"

"네. 그것이 뭐예요?"

"아니, 여기 네가 답을 써 왔잖아."

"썼죠."

"어떻게 썼어?"

"책에 나와 있으니까요."

"썼는데 몰라?"

"몰라도 답을 쓸 수 있잖아요."

"답을 쓰면서도 몰랐을 거 아니야?"

"네."

"그런데 왜 뜻을 찾아보지 않았어?"

"그러게요. 그냥 아무 생각 없이 썼는데."

"쓰면서 관영 수공업이란 단어의 뜻이 궁금하지 않았어?"

"아뇨. 별로. 그냥 쓰고 말았죠. 그런데 진짜 관영 수공업이 무슨 뜻이에요?"

궁금한 것이 없는 공부

그때서야 정훈이는 관영 수공업이 뭔지 궁금해했다. 자신이 답한 것을 다시 읽어보더니 연신 고개를 갸웃거렸다.

"생각해 봐. 공업이 뭔지는 알지?"

“네.”

“그럼 수공업이 무슨 뜻일까?”

“글쎄요.”

“수는 손을 의미해. 손 수(手)”

“아, 그럼 수공업은 공장이나 그런데서 하는 공업이 아니라 손으로 직접 만드는 공업을 말하겠네요.”

“맞아. 그럼 ‘관영’이 무슨 뜻일까?”

“혹시 ‘관’이 ‘관가’할 때 ‘관’ 아니에요?”

“맞아.”

“흠, 그럼 관영이니까. 관이 운영하는 수공업이란 뜻이겠네요.”

“빙고. 바로 그거야.”

“하, 이렇게 생각해 보니까 재미있네요.”

그렇게 관영 수공업의 뜻을 이해하고 넘어갔다. 그런데 또다시 똑같은 상황에 맞닥뜨렸다. 스스로 답을 쓴 문장에 나온 ‘일조편법’이란 단어를 모르고서 쓴 것이다.

“일조편법이 뭐야?”

“모르겠는데요.”

“네가 썼잖아?”

“네.”

“모르고 그냥 썼어?”

“그랬나 보네요.”

“정말 이상하다. 모르면 궁금하지 않아?”

“아뇨.”

궁금증은 왜 사라졌을까?

사람은 참 궁금증이 많은 동물이다. 하늘을 쳐다보고 얼마나 궁금했으면 우주선을 쏘아 올리고, 평생 가 보지 못할 저 우주 끝을 탐구하며, 알아봐야 별 소용없을 것 같은 우주의 기원을 궁금해한다. 궁금증은 인간의 본성이다.

그런데 많은 청소년들에게서 궁금증이 제거되었다. 도대체 궁금한 것이 없다. 기껏해야 게임과 연예인에 대한 궁금증이 전부다. 학문에 대한 궁금증, 세상에 대한 궁금증, 사람에 대한 궁금증이 없다. 궁금증이 없으니 공부하는 재미를 느끼지 못하고, 자기 스스로 공부하는 능력도 찾기 어렵다.

인규에게도 같은 질문을 던진 적이 있었다.

“세상이 궁금하지 않니?”

“아뇨.”

"왜?"

"뻔하니까요."

필자는 인규 말에 반박할 말을 찾지 못했다. 솔직히 별 궁금한 것이 없는 세상이기도 하다. 뻔한 세상이다 보니 재미가 없고, 호기심도 없다. 재미없는 세상, 궁금할 거 없는 세상을 만든 어른들이 청소년들에게서 궁금증과 호기심을 빼앗아 버린 것이다. 그런데 청소년들에게서 궁금증을 빼앗아 가버린 것은 단지 세상이 뻔하기 때문만은 아니다. 핵심은 공부에 있다.

어린 아이들을 보면 호기심 덩어리다. 뭐가 그리 궁금한 것이 많은지 '왜?'를 달고 산다. 귀찮을 정도로 질문을 많이 한다. 그러다 어느 순간부터 질문이 사라진다. 아마 그 순간은 대부분 학교를 다니고부터일 것이다. 학교 교육을 받는 순간부터 질문이 사라진다. 질문 대신 '암기'가 자리 잡는다. 그 왕성하던 호기심은 순식간에 사라진다. 호기심을 한순간에 없애는 면에서는 우리나라 교육은 정말 훌륭한 시스템이다. 학교 폭력이나 왕따, 학교 부적응 문제도 지적 호기심을 없애듯이 한 번에 없애면 얼마나 좋을까 싶다.

요즘 청소년들을 보면 공부는 하는데 지적 호기심이라고는 없다. 정말 희한한 일이다. 원래 공부란 지적 호기심에서 출발하는 것인데 호기심도 없이 어떻게 공부하는지 모르겠다. 정훈이도 인규도 열심히 공부한다. 열심히 학교에 다니고, 열심히 학원에 다닌다. 불평불만도 없이 최선을 다해서 공부한다. 성적도 상위권이다. 그런데 공부할 때 가장 필요한 궁금증은 없다.

궁금증이 없이 공부하면 단지 궁금증이 없는 것만이 문제가 아니라 학교 공부도 최고로 잘하지 못한다. 부족한 것, 모르는 것을 발견해도 찾으려 하지 않는다. 그냥 시험에 나올 만한 것, 선생님이 강조한 것만 찾는다. 그러다 보니 더욱 넓은 지식을 축적하지 못한다. 공부에도 구멍이 생긴다. 반드시 알아야 할 지식을 스스로 찾지 않으면 빈틈이 생기기 마련이다. 시험 볼 때 모르는 단어, 모르는 개념어가 등장하기 마련이다. 평상시 궁금증을 해결하는 습관을 가지면, 어휘 부족으로 틀리는 일은 거의 없다. 미처 공부하지 못해 완전히 낯선 문제가 나오는 경우도 없다. 학교식 공부를 더 잘하기 위해서라도 호기심은 살아 숨 쉬어야 한다.

궁금증 살려 내기

"요즘 궁금한 거 없어?"

도대체 궁금증이 없을 것 같은 정훈이에게 답답함을 느낀 나는 일부러 물었다.

“없어요.”

“잘 생각해 봐. 분명 궁금한 것이 있을 거야.”

“아! 생각났어요. 있어요. 욱일승천기가 뭐예요?”

그때 한일전 축구를 한 다음 날이었는데 정훈이가 한일전 축구와 관련해서 ‘욱일승천기’에 대한 기사를 본 모양이다. 신문 기사를 읽을 때는 그러려니 하고 넘어갔는데 궁금한 것이 없나 생각해 보라고 하니 그때서야 생각이 난 모양이다. 난 너무나 반가워서 욱일승천기의 유례와 이름의 의미에 대해 설명해 주었다.

“아, 그래서 신문 기사가 그랬구나.”

그때서야 정훈이는 신문 기사를 다 이해했다. 욱일승천기가 뭔지 모르면 기사를 제대로 이해하기도 힘들었을 텐데 신문 기사를 읽을 때는 모르는데도 그냥 넘어갔다. 정훈이는 수많은 청소년들처럼 궁금증을 최대한 억누르고, 공부하라는 내용만 충실히 받아들이는데 익숙해져 있었다. 그러니 자신이 평소에 관심 있는 스포츠 기사를 읽으면서도 모르는 단어를 궁금해 하지 않고 넘어 간 것이다.

“궁금증을 만들려고 해 봐.”

철학은 엄마보다 힘이 쎄다

“휴, 그래야겠네요.”

“궁금해야만 궁금증이 생겨. 궁금한 것을 이해하려고 노력하다 보면 공부도 더 잘하게 돼.”

“그럴게요.”

“이제 모르면 물어 봐. 너 자신한테도, 다른 사람한테도. 그렇게 자꾸 묻다 보면 궁금증이 왕성하게 일어날 거야. 물론 더 똑똑해지고.”

그 뒤로 난 정훈이를 만날 때마다 궁금한 것이 없는지 물었고, 정훈이는 시간이 지나면서 자꾸 묻는 횟수가 증가했다.

궁금증이 넘치는 사회를 만들자

남학생들의 주된 관심사는 게임과 스포츠이다. 궁금증은 정확히 그 정도에서 머문다. 여학생들의 주된 관심사는 연예인이나 외모, 쇼핑 등이다. 역시 궁금증도 정확히 그 정도에서 머문다. 물론 그렇지 않은 청소년들도 있기는 하다. 그렇지만 대부분은 세상을 궁금해 하지 않는다. 지적 호기심도 없다. 어릴 때는 왕성하던 호기심이 어느 순간부터 완전히 사라져 버린다. 호기심이 없는 청소년, 세상을 궁금해 하지 않는 청소년, 그런 청소년이 행복할 수 있을까? 호기심이 사라지면 탐구심도 없다. 탐구심이 없으면 노력도 없다. 탐구와 노력이 없는 사람에게는 희망도 없다. 희망이 사라진 사람에게 행복이 머물 자리는 없다.

그래서 필자는 이제부터라도 궁금한 세상을 만들어보기를 희망한다. 남들이 가지 않는 길을 가 보면 대체 어떤 일이 벌어질지 궁금해 하는 어른과 청소년이 많아지기를 바란다. 뻔하게 정해진 길을 기는 것보다야 훨씬 재미있지 않을까 싶다. 시험과 모험이 가득한 사회, 그래서 궁금증이 충만한 사회를 만들면 훨씬 역동적이고 새로운 세상이 되지 않을까 싶다. 그런 세상이 되면 청소년들도 잃어버린 궁금증을 다시 찾을 것이다. 물론 행복도 함께 찾을 것이라 믿는다.

공자, 내가 남을 알지 못함을 탓하라

불분불계(不憤不啓)는 논어에 나오는 말로 '알고 싶어 하지 않으면 가르쳐 주지 않는다'라는 뜻이다. 공자는 질문하지 않으면 제자로 보지 않았다. 모름지기 공부하는 사람이란 궁금한 것을 물어보고 질문하는 것이 당연하다. 공자의 말씀을 담은 논어는 제자가 묻고 공자가 답하는 형식이다. 묻지 않으면 가르치지 않았다는 공자의 가르침의 원리가 잘 드러나 있다.

요즘 학교에서는 묻지 않아도, 궁금해 하지 않아도 무조건 가르치고 외우라고 한다. 그러니 제대로 기억하지 못하고, 자율적으로 공부하지 않는다. 억지로 공부하니 따분하고 재미가 없다. 스스로 질문하고, 연구하고, 고민하는 과정에서 스승의 가르침이 주어질 때 진짜 배움이 된다. 옛날보다 훨씬 발전했다는 21세기 대한민국이 2,500년 전 옛날 사람보다 못한 교육을 하고 있는 셈이다.

배우고 때로 익히면 기쁘지 아니한가?

벗이 먼 곳에서 찾아오면 즐겁지 아니한가?

공자는 배움이 기쁜 일이라고 하였다. 요즘 학생들이 들으면 웃기는 소리라고 할 수 있다. 그러나 공자의 생각에 배움이 즐거운 것은 당연했다. 자신이 궁금하고, 알고 싶은 것을 적극적으로 나서서 익히는데 기쁘지 않으면 이상한 일이다. 배움의 기쁨은 먼 곳에 사는 벗이 찾아와 함께 어울리는 기쁨과 비슷하니 정말 큰 기쁨이다.

남이 나를 알아주지 않아도 노여워하지 않는 이가 군자(훌륭한 사람)다.

남이 나를 알아주지 않음을 걱정하지 말고 내가 남을 알지 못함을 탓하라.

대부분의 청소년들이 성적 때문에 일희일비한다. 성적이 높게 나오면 좋아하고, 성적이 낮게 나오면 우울해 한다. 부모들도 마찬가지다.

성적이 곧 그 사람의 평가를 좌우한다. 공자의 눈으로 보기에 이는 정말 한심스러운 일이다. 성적은 내가 나의 배움의 수준을 가늠하는 것이 아니라 남이 나를 평가한 것이기 때문이다.

공자는 남이 나를 알아주지 않음을 걱정하지 말고, 내가 남을 알지 못함을 걱정하라고 했다. 반면에 평범한 사람들은 대부분 남이 나를 알아주지 못함을 걱정한다. 부모님이 나를 알아주지 않을 때, 선생님이 나를 제대로 평가해 주지 않을 때, 친구들이 나를 존중해 주지 않을 때 기분 나빠하고, 마음에 상처를 받는다. 그러면서 정작 자신은 남이 어떤 사람인지 제대로 알아주지도 못한다. 공자의 말처럼 좋은 사람을 알아보지 못함을 탓해야지, 남이 나를 알아주지 못함을 탓하지 말아야 한다.

좋은 인간관계를 맺는 법

남을 알아볼 줄 알아야 좋은 인간관계를 맺을 수 있다. 좋은 사람을 알아보지 못하면 아무리 내가 노력하고, 정성을 기울여도 제대로 된 인간관계가 형성되지 않는다. 반면에 내가 좋은 사람을 알아보면 훌륭한 인간관계로 발전할 가능성이 높다.

좋은 사람을 알아보는 것만으로 좋은 인간관계가 맺어지는 것은 아

니다. 인간관계는 둘이 맺는다. 나와 상대방이 맺는 것이다. 따라서 나
도 좋은 사람이어야 한다. 내가 좋은 사람이면, 나를 알아보는 좋은 사
람이 자연스럽게 다가올 것이고, 나를 알아보는 사람은 진정으로 좋은
사람이다.

난초의 향기는 십리를 가지만 사람의 향기는 천리를 간다고 했다.
훌륭한 사람, 진짜 좋은 사람은 가만히 있어도 향기가 널리 퍼져 그 향
기를 맡은 수많은 사람이 저절로 다가오기 마련이다.

공부를 힘들어 하는 아들에게 보내는 편지

효원아, 봄이 왔다. 아빠가 좋아하는 봄이 왔다. 지난 3월에 도시에서 이곳으로 이사 온 뒤부터 아빠가 가장 좋아하는 일은 텃밭을 가꾸고 집 주변을 정리하는 거란다. 네가 학교에 간 아침이면, 아빠는 오늘도 장갑을 끼고 흙이 묻어도 너그러울 수 있는 옷을 입고 집 주변을 살핀다. 텃밭에 나 있는 잡초를 뽑고, 벽도 손질하고, 강아지 집도 치운다.

처음 이사 와서 얼마 지나지 않아 너와 함께 동네를 산책하다 어느 집 담벼락의 가지런히 정리된 개나리를 본 기억이 나는구나. 그때 아빠는 가지런한 개나리보다 개울가에 핀 개나리가 훨씬 아름답다고 했

지. 개나리를 정성스럽게 가지치기 한 노력이 소중하기는 하지만 답답해 보였거든. 한 인간의 뜻으로만 만들어진 모양보다는 수많은 개나리들이 자유로이 자신만의 생각대로 가지를 뻗어서 서로 어우러짐을 만드는 개나리 군락이 훨씬 아름다웠다. 도시 속에서 가지런히 사는 삶보다 바람이 흐르는 대로, 산이 이끄는 대로 마음껏 뛰어 놀 수 있는 시골의 삶이 훨씬 아름답듯이……

작년에 도시에서 학교를 다닐 때 친구가 없어 외로워하던 네가 생각나 가슴이 아프다. 너는 인터넷과 게임기를 친구 삼아 지냈지. 너는 늘 "심심해"라는 말을 내뱉었어. 그러던 네가 지금은 어떠니? 하루는 연석이네 집에서, 하루는 혁이네 집에서, 다음 날은 우리 집에서 여러 친구들과 놀다니 얼마나 다행인지 모른다. 무엇보다 인터넷과 게임기가 아니라 흙과 물과 나무와 돌과 산이 너의 놀이 친구가 되어 준다는 사실이 너무나 기쁘다.

책에서 문장을 건져 내는 기쁨

텃밭을 가꾸고 집 주변을 정리하는 일 말고 아빠가 또 좋아하는 것

철학은 엄마보다 힘이 쎄다

이 있다면 바로 창가에 있는 흔들의자에 앉아 책을 읽는 것이란다. 창문을 활짝 열고, 봄볕과 더불어 한 줄 한 줄 읽어 나가는 기쁨은 이루 말할 수 없지. 아빠는 오늘『네가 어떤 삶을 살든 나는 너를 응원할 것이다』(공지영)라는 책을 읽었어. 오늘은 네게 이 책 이야기를 들려줄게.

이 책은 작가인 엄마가 딸에게 들려주는 이야기를 모은 것이란다. 엄마가 딸에게 들려주는 이야기라고 하면 혹시 '잔소리'를 잔뜩 늘어놓은 책이라고 지레 짐작할지 모르지만 아니란다. 엄마가 인상 깊게 읽은 책에서 마음에 남은 문장을 들려주며 딸에게 하고 싶은 이야기를 전해 주고 있단다. 제목부터 참 인상적이지? 네가 어떤 삶을 살든 응원한다는 말이 마음에 와 닿는다. 부모로서 네가 이런 삶을 살았으면 좋겠다는 마음, 네 삶을 내 손으로 가지치기해서 그럴 듯하게 포장하고 싶은 마음이 들 때가 종종 있는데, 이 문장을 떠올리면 그런 욕심을 버리는 것이 좋다는 생각을 하게 된다.

이 문장 외에도 이 책에서 읽은 많은 문장이 내 가슴을 울린다. '이기적이라는 것은 내 생각대로 내 삶을 사는 것이 아니라 내 생각대로 다른 사람이 살게 하는 것'이라는 문장은 정말 가시처럼 콕콕 찔러댔지. 사랑한다면서 남에게 아픔을 준 기억이 뼈아프게 떠올랐어.

효원이는 책을 좋아하고, 이야기 내용을 잘 기억해. 책을 좋아하는 효원이가 아빠는 참 기특해. 그리고 이제 책을 읽을 때 인상 깊은 문장에 밑줄을 긋고 여러 번 읽어 기억하는 습관을 가지기를 바란다. 좋은 문장은 삶에 큰 도움을 준다. '이기적이라는 것은 내 생각대로 내 삶을 사는 것이 아니라 내 생각대로 다른 사람이 살게 하는 것'라는 문장이 아빠에게 큰 도움을 주는 것처럼 말이다. 아빠는 책 한 권 읽고 마음에 새겨지는 문장 하나를 얻을 수 있다면 그 책 읽기는 성공이라고 믿는다. 또 문장을 기억하다 보면 효원이가 가장 어려워하고 힘들어하는 글쓰기에도 큰 도움이 될 거야. 책 한 권에서 문장 하나 건지는 것은 사실 그리 어려운 일도 아니지.

어려움을 사랑하기

어렵다는 말이 나왔으니 말인데 효원이에게 꼭 들려주고 싶은 문장이 있다.

어려움을 사랑하고 그것과 친해지고 배워야 합니다. 어려움 속에는 우리를 위해 기꺼이 애써 주는 힘이 있습니다.

— 공지영, 『네가 어떤 삶을 살든 나는 너를 응원할 것이다』 중에서

 철학은 엄마보다 힘이 쎄다

어려움을 사랑하라니 언뜻 듣기에는 참 안 와 닿지? 솔직히 아빠도 그렇다. 어려운 일은 피하고 쉬운 일만 하고 싶을 때가 많다. 힘겨운 시련이 닥치면 왜 이런 힘든 일이 나에게 일어나는지 하늘을 원망하기도 한다.

"힘들어!"

공부를 할 때 효원이가 흔히 하는 말이다. 네가 힘들다고 하는데도 엄마, 아빠는 하라고 하니 원망스럽지? 공부는 쉽지 않아. 맞는 이야기야. 하지만 쉽지 않기 때문에 하는 거란다. 아빠는 공부가 쉽다면 할 필요가 없다고 생각한다.

세상을 살아가다 보면 정말 힘겨운 일이 많이 있다. 그런데 어려움 하나를 피하고 나면 그 다음 어려움은 더욱 더 힘겹게 다가와 이겨낼 수가 없게 된다. 하나가 둘이 되고 둘이 열이 되지. 결국 늘 피하기만 하는 도망자가 된다. 반면에 하나의 어려움을 이겨내면 둘을 이겨낼 수 있고, 둘을 이겨내면 열을 이겨낼 수 있다. 하나를 할 수 있으면 열을 할 수 있는 거야. 그래서 어려움을 사랑하고 친해지고 배워야 하는 거란다. 어려운 숙제는 훌륭한 학생에게만 주어진다는 것을 명심해.

네가 있어 기쁘다

가능하다면 이 책에 있는 많은 문장을 너에게 들려주고 싶다. 아니 함께 책을 읽으며 이야기를 나누고 싶은데 아직은 네가 이 책을 읽을 나이가 아니라는 것이 아쉽다. 하지만 이 책을 보며 아빠는 결심을 하나 했다. 그 결심이란 아빠가 읽는 책 이야기를 너에게 많이 해 주어야 겠다는 것이다. 아빠는 너를 가지치기해서 키우고 싶지는 않지만, 네가 너의 길을 가기 위해서 길러야 할 용기와 지혜는 주고 싶거든.

『편지를 보낸 엄마』(공지영)에서는 "이런 책을 읽을 수 있는 겨울은 얼마나 행복한지! 이런 말을 편지로 받아 줄 수 있는 딸을 둔 엄마는 얼마나 행복한지."라는 말이 나온다. 아빠도 마찬가지란다. "이런 책을 읽을 수 있는 봄은 얼마나 행복한지! 이런 말을 글로 건네 줄 수 있는 아들을 둔 아빠는 얼마나 행복한지!"

아빠는 이제 책을 덮고 출근을 해야 한다. 오늘은 밤 11시가 되어야 들어오니 잠든 네 얼굴만 보겠구나. 내일 아침 행복한 미소와 함께 만나자꾸나. 사랑하는 아들! 네가 있어 아빠는 정말 행복하단다.

자, 오늘도 기쁜 하루!

철학은 엄마보다 힘이 쎄다

고통, 제대로 썩어야 거름이 된다

인간은 행복을 원한다. 행복을 원하기에 고통을 싫어한다. 인간은 어떻게 하든 고통을 피하려 하고 행복을 만끽하려 한다. 고통의 순간이 오면 최대한 빨리 벗어나려고 한다. 그러나 고통을 벗어나려고 하지 말아야 한다. 고통을 손쉽게 벗어나면 고통의 그늘을 벗어나지 못한다. 고통을 처절히 느끼고 겪어야 다시는 그러한 고통을 겪지 않는다. 새로운 출발이 가능하다.

고통은 자연의 섭리다

요즘 청소년들은 대부분 도시에 살아서 거름이 무엇인지 잘 모른다. 시골에 살아도 비료 뿌리는 것만 본 청소년들도 거름이 뭔지 잘 모른다. 거름은 풀이나 볏집, 똥오줌이 뒤섞여 만들어진다. 그런데 이런 것은 대충 썩으면 거름이 되지 못한다. 완전히 썩어서 진한 검은색이 되어야만 진짜 거름이다. 진짜 거름에는 지렁이가 가득하고 식물이 섭취할 영양분이 풍성하다. 고통스럽게 썩어야만 생명을 살리는 거름이 된다.

씨앗도 썩어야 싹을 틔운다. 씨앗이 썩지 않으면 싹이 나지 않는다. 씨앗이 자기 살겠다고, 썩지 않겠다고 하면 더 이상 새로운 생명은 없다. 씨앗의 숭고한 희생이 있기에 새로운 싹이 나고, 줄기가 자라고, 꽃이 피고, 열매가 맺는다. 생명은 썩어서 다음 세대로 이어진다.

아기는 진통 속에서 태어난다. 흔히 출산 시 진통을 무섭고 두렵다고 생각하지만 전혀 그렇지 않다. 충분히 참을 만한 고통이며, 견딜 만한 고통이다. 오히려 진통이 두려워 피하면 여러 부작용이 생긴다. 아기는 진통을 받으며 자기 힘으로 태어날 때 건강하며, 산모도 훨씬 건강하다. 진통은 건강한 아기와 산모를 위해 꼭 필요하다.

세포는 죽어서 새로운 생명으로 이어진다. 우리 몸의 세포는 끊임없이 죽고 끊임없이 새로 태어난다. 만약 죽어야 할 세포가 죽지 않고 계속 남으면 어떻게 될까? 영생불사요, 불로장생을 할까? 아니다. 죽어야 할 세포가 죽지 않으면 암세포가 된다. 세포가 죽음의 고통을 거부하면 생명 전체가 위험해진다. 살기 위해서는 기존 세포가 죽어야 한다.

절망으로 시작하기

한기정

나는 희망이 아니라 절망에서 시작한다.
처절히 절망할 때,
그때가 진짜 새로운 출발이다.

한 알의 씨앗이 썩어서 풍성한 열매가 맺듯이, 푹 썩은 거름이 생명의 원천이 되듯이, 고통은 정말 고통스러워야 새로운 출발의 신호탄이 될 수 있다. 그래서 옛 어른들은 젊어 고생은 사서도 한다고 했다. 젊어서는 일부러 고생해야 한다는 말이다. 고생과 고통이 장차 삶에 거름이 되고, 씨앗이 된다는 것을 알기 때문이다. 고통을 심하게 앓고 나면, 사람은 전혀 다르게 살아갈 힘이 생긴다. 고통이 없는 삶은 변화도 없고, 발전도 없고, 행복도 없다.

인간은 실수투성이다

한때 필자는 완벽한 아빠라고 자만한 적이 있었다. 그럴 만도 한 것이 육아와 관련한 책을 썼고, 남성 육아 휴직 2호였으며, 1년 반 동안 전업주부 생활을 하며 아이를 돌보기까지 했고, 아이와 누구보다 친밀하고 행복하게 지냈기 때문이다.

아들이 아주 어릴 때 필자는 최고의 아빠라고 자부했다. 그러나 그 자부심이 결국 문제를 일으켰다. 독립시켜야 할 순간이 왔음에도 필자는 아이를 품 안에서 놓아 주지 못했고, 아이의 삶이 곧 필자의 삶이 되어버렸으며, 성장한 아이의 상황에 맞는 아빠의 역할을 찾지 못했다.

철학은 엄마보다 힘이 쎄다

유아기 때 아들이 '아빠'라고 부르는 소리만 듣고도 아들이 무엇을 원하는지 알아챘던 필자가, 초등학교 다닐 때 아들이 힘겨워하던 상황을 전혀 알아차리지 못했던 것은 온전히 필자의 부족함 때문이었다. 그로 인해 아들은 큰 상처를 받았고, 오랜 기간 고통스러운 생활을 해야만 했다.

아들이 자신이 받은 상처를 대부분 극복한 지금도 필자는 아들에게 잘못을 빌고 싶다. 필자는 잘못을 생각할 때마다 힘들고 괴롭다. '그때로 다시 돌아가 내 실수를 만회할 수 있다면 얼마나 좋을까'라고 생각한 것이 한두 번이 아니다. 그러나 과거는 화석과 같아서 돌이킬 수 없다. 그나마 필자가 다시 용기를 내어 사는 것은 인간이기 때문이다.

인간은 실수하는 존재다. 인간은 늘 완벽을 꿈꾸지만 완벽은 신의 영역이다. 늘 부족하기에 인간이다. 필자는 요즘 5평 집짓기에 푹 빠져 산다. 처음부터 끝까지 전문가의 손은 전혀 빌리지 않고, 오로지 인터넷과 책을 통해 얻은 정보에만 의지해 집을 짓고 있다. 그러다 보니 숱한 실수를 범했다. 그때마다 함께 집을 짓는 친구와 이런 대화를 나누었다

"다음에는 더 잘하겠지 뭐!"

"그래, 완벽하면 다음에 할 맛이 안 나잖아."

필자는 이 책을 읽은 청소년들에게 용서를 구하고 싶다. 어른의 한 사람으로서 청소년들이 살 만한 세상을 만들어 내지 못한 책임이 있기 때문

이다. 또 부모의 한 사람으로 용서를 구하고 싶다. 부모들의 부족함으로 인해 아동과 청소년이 받은 상처가 너무도 많기 때문이다. 그러면서 한편으로는 청소년들이 못난 어른들을 너그리이 용서해 주기를 바란다. 아울러 부모의 부족함도 넓은 마음으로 헤아려 주기를 바란다.

물론 여러분들이 용서를 한다고 해서 어른들이, 부모가 자기 잘못으로 인한 책임에서 자유로워지는 것은 아니다. 그래도 인간이 실수투성이 존재라는 것을 받아들이는 마음은 삶을 좀 더 여유 있게 만든다. 실수로 집을 지으면 나중에 더 잘 지으면 되듯이, 오늘 잘못 살면 내일 잘 살면 되고, 젊어서 잘못 살면, 나이 들어서 잘 살면 된다. 우리에게는 어쨌든 다시 살아갈 기회가 죽기 전까지 계속 주어진다. 그러니 부모도 자식도 조금 더 여유롭게 삶을 대하는 것이 좋겠다.

"그럴 수도 있지 뭐!"
"실수할 수도 있지 뭐!"
"다음에는 더 잘 하자!"

이렇게 마음먹으면 상대가 누구인들 웃음으로 대하지 못할까 싶다. 물론 그렇게 마음을 고쳐먹은 자신도 여유와 활기가 넘치게 될 테고.

時雨 박기복

   철학은 엄마보다 힘이 쎄다

철학은 엄마보다 힘이 쎄다

: 10대를 위한 철학 에세이 :